JN080946

生涯学習
eプラットフォーム

私の出番づくり・持続可能な地域づくりの新しいかたち

柵 富雄 SAKU Tomio

明石書店

はじめに

　　教えることで自分を学ぶ。
　　明日からの新しい生き方を学ぶ。

　「人生100年時代」という言葉を多く耳にするようになった。就学期・就業期・老後という典型的な移行も変化しつつある。転職や定年の延伸、再就職など、高齢期にも多様な働き方がみられる。

　人生のなかで「生き直し」が求められることは少なくない。スポーツ選手が体力の衰えから引退し、新たな生き方を求めて転身する例はよく耳にするが、多くの一般人にも「生き直し」が求められる機会は必ずやってくると考えてよい。終身雇用を前提とした就業形態が変わりつつあるなかで、キャリアの再構築が必要な機会は増えてくる。定年退職にともない、企業や組織の達成目標というレールがなくなり、明日からの行き方のつくり直しが求められるのは、多くの人が経験することである。そこではもはや肩書きでつながっていた人のつながりはない。家族のかたちや関係性も変わってしまっていることも多い。地域社会になじんでしなやかに移行できる人もいれば、どこにも心からなじむ場を持てず、疎外感、孤立感を深め、モラトリアム状態が続く人もいる。

　「生き直し」に向けて、学び直し、リカレント教育が盛んである。それまで培ってきた自己の有形や無形の資産を振り返りつつ、これまでと異なった場、他者や社会との関係のなかで新たな価値観を見いだし、自分らしい生き方や働き方を見いだしたいと考える者は多い。一方で、学んだことを生かして新たな行き方を歩むことは簡単ではない。他者や社会で必要とされる自分はどんな自分か。自分らしさとは何だろうかと多くの人が悩む。人は一人では自分を学べない。

　そのようななかで、小さなチャレンジを契機に、新たな人生の視界を拓いて

いる人々がいる。市民講師デビューである。インターネットも利用して、働き盛りから高齢者まで、幅広い市民が経験や学んできたことをもとに、私塾や講座を開く。他者の知識と経験に触れ、新たな視点で社会と自身の関係性、可能性を考えるようになる。その動機づけをもとに、目標を見いだし、知識を深め、人との新しい関係を築き始めている。地域の課題解決に取り組む者、70歳を過ぎてから起業する者など、創造的な「生き直し」が次々に生まれている。市民講師デビューは地域デビューでもある。いわば市民の地域人材化である。人口減少のなかで持続可能な地域や社会を考えるうえで、このような市民の地域人材化は取り組むべき重要なテーマではないだろうか。

　本書は読者に二つのヒントを提供したい。一つは、自身のネクストステージを見いだしたいと考える市民が、教えて学び、市民講師としてデビューするためのヒントである。さまざまな実践例から、市民講師になるという自己決定がどのような動機で行われたのか、自身の新しい価値観と役割を見いだすまでに、どのような過程があったのか、たくさんの市民講師の声を紹介する。そして市民講師として一歩を踏み出すための実践的な取り組み方を示す。筆者が18年間に接してきた、のべ400人の実践をもとにしている。

　もう一つは、地域づくりに携わる人たちへのヒントである。人口減少時代、市民の地域人材化を育てる地域づくりは、持続可能社会の重要な取り組みとなる。市民が知識と経験を持ち寄り、創発によって新たな目標（行き先）を見いだし、地域の人材として受け入れられていく「しくみ」や「場」を「プラットフォーム」ととらえることができる。地域の産学官が相互に乗り入れ、インターネットを通じて市民がいつでも、何度でも乗降する実体がある地域空間である。本書では、この地域空間を「生涯学習eプラットフォーム」と名づけた。市民がライフサイクルを通して人生を創造し出番が生まれる、新しい生涯学習のかたちである。全国には、市民講師に類する活動を受け入れている自治体や教育機関が多く存在するが、このような地域人材化を積極的に育むプラットフォームはみられない。本書は、これからの持続可能な地域づくりに向けて、このようなプラットフォームをどのように構築し市民の地域人材化を育てるか、理論と実践の両面で解説する。ICTを効果的に活用する国内外の実践例も示す。

目次

＊本書は神戸学院大学人文学会の出版助成により刊行されたものである。

序章

ひとりひとりにとっての
人生 100 年時代

ひとりひとりのライフサイクルに起こる諸問題

　いま、「就学期」から「就業期」、そして「老後」へという直線型のモデルが大きく変化しつつある。定年を 65 歳とする企業が増えた。さらに 70 歳まで働けるよう、さまざまな制度の見直しが行われている。つまり、働く期間が長くなっていく。そうなると、働き方にもさまざまな変化がみられるようになる。完全にリタイアするまで同じ職場で働く人の割合は減少し、転職による新たな職場での職務能力の形成や職位の確立、人間関係の再構築が求められることになる。多くはこれを乗り越えている一方で、困難に遭遇し、悩み、挫折する例も多くあるという。また、この間は、家族がいれば子育ての重要な時期にあたる。家族とのよい関係を築き、子どもたちが成人し、経済的に自立するまでには、不登校やいじめ、引きこもり、受験の失敗など、さまざまな曲折を経験するものが少なくない。平均余命はどんどん伸びていて、それとともに、退職後をどのように生き直すかが課題となってきた。

　その退職後には、さまざまな問題が生じる。それまで生計を支えてきた立場から、支えられる立場になり、配偶者との関係性も必然的に変化する。たとえば、夫が企業戦士として働いているころ、家庭では子育てと親の介護に追われている妻は多い。定年と同時に、この役割分担の見直しが起こり、必然的に家

庭のなかでの夫の立場が変化する。退職とともに人との関係性は大きく減少し、社会との接点も一気に少なくなるのが一般的だ。それまで勤務先の企業から与えられていた達成目標はなくなり、家族に対する役割も変わる。この先何を目標にしたらよいか、モラトリアム状態になることもあるという。加えて、この時期に病気を患う者が増加するという報告がある。企業戦士として無理をしてきたことがたたって、退職とともに病が顕在化することが多いといわれる。

このように、心身ともに大きな変調をきたす例が多くみられるのが、退職期である。さらに加齢を重ねていくなかで、やがて大切な人との離別や自身の老化が進み、ますます社会との関係性は失われていく。

そのようななかで、果たして人生100年時代をどのように過ごすか、イメージできるだろうか。

つながりの希薄化、人的資本の喪失

転職、退職などにより、それまであった「肩書き」を通じてのつながりの多くは失われる。それまで悩みを打ち明け、お互いに励まし合ってきた職場の同僚とも、関係は遠のくのが一般的だ。

転職の場合、時間を要するが仕事上、何らかの新たな人間関係が生まれてくる。だが退職の場合はそうはいかない。町内会組織など、地域住民との関係性をもつ者とそうでない者とで、人と接する状況は大きく異なってくる。とくに都市部ではコミュニティは薄く、町内会組織自体も限られている参加が多い。同じ地域に暮らす者が顔を合わせる機会も少ない。このようななかで、人とのつながりは退職前に比して大幅に減少する。もちろん、趣味の世界で幅広いつながりをもつ者、新たな仕事に就くことで人間関係を構築する者もいるはずである。

家族の関係性にも変化が生じる。一般的な例として、それまでは一家の生計を支える主人であった者が、退職とともに支えられる立場になることが多い。一般的に企業に長年勤めた者は、多忙な現役時代に地域社会との関わりをほとんどもたずに定年を迎える。定年を迎え、いざ地域の集まりに加わろうとしてもなじめない者もいる。地域の集まりに加わろうとしても、「共通の話題をもたない」「企業組織との違いに戸惑う」「うっかり上から目線で接して嫌われる」

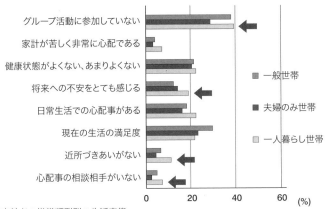

図序 -1　高齢者の世帯類型別の生活実態
[内閣府 2006]

などの理由により、「参加してもおもしろくない」「出かけたくなくなる」という状況も聞かれる。

　このように人とのつながりが希薄化し、外出機会も減り、健康への不安ももつようになると、将来へ向けて前向きな考えをもちにくくなる。日生基礎研究所の調べでは、社会的孤立が懸念される高齢者の特徴として、「一人暮らしの男性が多い」「持ち家より借家が多い」「郡部より都市部が多い」があげられている［土堤内 2010］。また、内閣府の調査［内閣府 2006］では、一人暮らしの高齢者はそうでない者に比べて、「グループ活動に参加していない」「近所づきあいがない」「心配事の相談相手がいない」ことが多く、「将来への不安をとても感じる」とする高齢者が多い（図序 -1）。つまり、失っていくことばかりである。

　長寿社会の課題として必ずあげられることの一つに、介護がある。しかし内閣府の高齢社会白書（平成 26 年版）によれば、65 歳以上の高齢者に占める介護サービス利用者は約 15％であり、残り 85％は比較的元気な高齢者も多く含まれる。定年後にも多くの高齢者は新たな生き方を見つけることが期待される。失っていくばかりの生き方ではなく、人のつながりや自身の役立ち方、社会とのつながりに新たな価値観を見つけるにはどうすればよいか。定年後の人生が長くなっていくいまこそ、考える必要がある。

人生100年時代、いかに「生き直し」できるか

　定年後の新たな生き方、働き方は、定年になってすぐに見つかるとはいえない。総務省が行っている労働力調査特別調査の報告書によると、定年退職後に再就職を望みながら、長期にわたって就業できない者の割合は少なくない［総務省統計局2001］。新たな就業先をどのように見つけるかは、大きく分けて、「これまでのキャリアを生かして同種の仕事に就くこと」を想定している場合と、「これまでのキャリアにこだわらず異なる職種の仕事に就くこと」を想定している場合が考えられる。

　これまでの経験や学んできたことを生かして、新たな仕事や活動を始めたいと考える者は多い。内閣府世論調査では、「生かしたいと思う」または「どちらかといえばそう思う」と答える者は77.7％を占める［内閣府2012］。しかし、実際にはさまざまな問題意識をもっている。富山県で行った学習者への意識調査[1]で、経験や学んできたことを生かそうとするさいにどのような課題があるか質問したところ、「どのような人材が求められているかわからない」「生かせるかどうか自身ではわからない」「生かしたいが目標が具体的でない、あるいは願望に留まっている」「自身の知識、経験、ノウハウ、実践力を振り返ったことがない」と答える者も多かった。このように、自身のキャリアを的確に把握しているかどうかは不確かなことが多く、またそれを生かそうとする場についての認識も必ずしも十分とはいえない。実際にはこのような状態のまま、定年を迎えることが多いのではないだろうか。

　高齢者の自己啓発や能力開発と再就職に与える影響に関する研究では、定年退職前に自己啓発した者は、そうでないものに比べて、退職後に新たな仕事に就くまでの期間が40％も短いことが報告されている［梶谷2006］。

　自己啓発にはさまざまなかたちや内容があるが、「①これまでのキャリアを生かして同種の仕事に就くことを想定した学び」と、「②これまでのキャリアにこだわらず異なる職種の仕事に就くことも想定した学び」に分けて考えることができる。すなわち、①はあくまでもそれまでの知識、経験、能力を補完することに主眼をおくものであり、②は新たな知識、能力を身につけようとする

　1　地域eパスポート研究協議会「学習成果を生かして地域活動を行う人材の支援に関する調査」（平成25年12月調査）にて実施した。

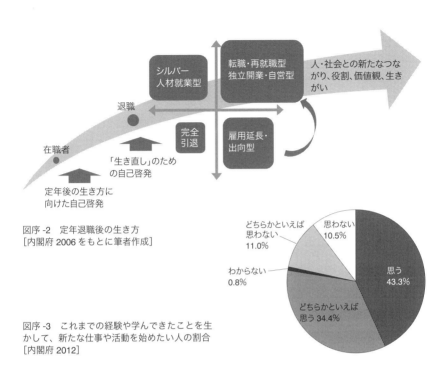

図序 -2　定年退職後の生き方
［内閣府 2006 をもとに筆者作成］

図序 -3　これまでの経験や学んできたことを生
かして、新たな仕事や活動を始めたい人の割合
［内閣府 2012］

ものになると考えられる。また、①では、自身のキャリアをもとに就業先を考えることになり、合致するまで就業先が見つからない、あるいは就業後に自身のキャリアを生かすことに齟齬が生じるリスクが潜む。②では、新たな就業に対して必要な知識、経験、能力を考えることになり、新たな活躍の場が求める知識、経験、能力と自身のキャリアや適性とのギャップを埋めることができるかどうかが、成否を左右することになる。いずれの場合も、自身のキャリアや適性を的確に認識しているかどうか、新たな活躍の場での働き方を的確に認識できているかがたいへん重要となる。このため、現役時代から自身のキャリアや適性をふまえて、定年後を見すえた働き方、生き方を考えていく支援が必要なことが指摘されている［安 2016］。

　このように、現役時代から定年後を考えることは、再就職だけでなく、定年後の「生き方・働き方」全体についてもいえるのではないだろうか。たとえば、現役時代の自己啓発は、定年後の生き方に関わることが考えられる。すなわち、

それまでとは異質なテーマや場、集まりに加わり学ぶことも、自己啓発の一つのかたちである。そこでは、企業組織でつながっている人や、そのなかでの絶対的な価値とは異なる、多様な人の考え方、価値観があることに気づく。視野を広げ、新たな人のつながりを得ることもできる。現役時代からこのような自己啓発の機会を積極的にもつことが、定年後の長い人生における「生き方・働き方」を考えるうえで、きわめて重要といえる。

第1章

市民講師デビューという
創造的試行

　この章では、自らの知識や経験を生かした市民講師の実践例を紹介する。小さなチャレンジが人生の視界を変えた実践例や、そのチャレンジにどのような動機づけがあったのか、市民講師のデビューと実践の過程で、自己や他者、社会との関わりにどのような変化が生まれたのか、さまざまな分析をふまえて紹介する。

1.1　知識や経験を生かす

　私たちは、職業や生活のさまざまな経験を通して学ぶ。成人期の学習機会を仕事や生活に即して研究しているロンバード (M. Lombardo) たち［1996］によれば、成人期の学習の 70％は仕事や生活のなかでの実際の経験をとおしての学びであり、次いで 20％が他者からのフィードバックや観察、コーチングなどによる学び、10％がフォーマルな学習であるという (図 1-1)[1]。すなわち、学習施設

1　学習のかたちを以下の三つに分類するもの。
　　1) フォーマル学習：学習の目的、方法、学習のための組織、場があらかじめ定められている学習
　　2) ノンフォーマル学習：学習の目的や内容はあらかじめ意図されるが、学習のための組織や場を定めずに行われる学習

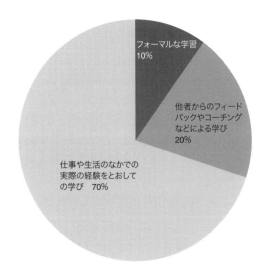

図 1-1　成人期の学習機会
［Lombardo 1996］

などで開かれるセミナーや講義を受講する学習より、仕事や生活のなかでの経験や人との関係から学ぶほうがはるかに多いものの、そのことはあまり意識されていない。

　豊かな知識や経験を生かしたいと考える人は、前述の内閣府世論調査［内閣府 2012］のように 7 割を超えるが、実際にはさまざまな課題がみられる[2]。

　そのようななかで、自らの知識と経験を生かして講座を企画し、開催する市民講師が多くみられる。全国の都道府県では、市民ボランティア講師（大阪市）、県民教授（富山県）などの制度を用意しており、知識と経験を生かしたさまざまな講座やサークル活動が行われている。公的機関による事業のほかに、地域の自発的な取り組みも各地にみられる。1984 年に始まった清見潟大学塾（静岡県）［清見潟大学塾 2004］や 1999 年の実験運用からスタートしたインターネット市民塾（富山県ほか各地、第 4 章「プラットフォーム実践例」で詳述する）、2006 年に設立されたシブヤ大学[3] は、それぞれ特色をもった取り組みである。このほかにも、地域の子供たちを対象にした寺子屋、出前教室などの活動も数多くみ

　3）インフォーマル学習：学習の機会や内容が意図されていない日常的な経験や他者との関係から生まれる学習

2　地域 e パスポート研究協議会「学習成果を生かして地域活動を行う人材の支援に関する調査」（平成 25 年 12 月調査）より。

3　シブヤ大学ウェブサイト http://www.shibuya-univ.net/

表 1-1　富山県民生涯学習カレッジ自遊塾講座の例

テーマ	講師	特徴
快眠レクチャー	脱サラ・男性	自らの経験をもとに開講、仕事も新たな一歩を踏み出している
言葉を学ぶ	元国語科教員・女性	退職後、人と人とのつながりのなかで、言葉にきらりと感じる瞬間を持とうと学び合っている
臨床美術	無職・女性	脳が目覚めるアート、他者を認め合う活動として開講。実践力を高め施設への出前活動にも広がっている
地域の魅力	県職員・男性	「飛び出す公務員」として地域の魅力を発信し続けている。その一環として、地域を知る講座を開講
立山の歴史	会社員・男性	歴史専門家と市民の学びと交流の場づくり、市民の地域調査活動を育てている

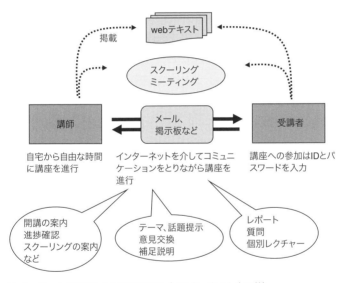

図 1-2　インターネットを取り入れた講座の開催（インターネット市民塾）

られる。

　このような専門家や教育職でない一般市民が講師になる（以下、市民講師）活動では、テーマは幅広く、開催方法も柔軟な講座が多くみられる。表 1-1 は、富山県で開かれている「自遊塾」の講座である[4]。年間約 100 人の県民教授が講座を開講し、現職や現役時代に培った専門的知識を生かしながら、参加者が

4　富山県民生涯学習カレッジ「自遊塾」ウェブサイト https://www4.tkc.pref.toyama.jp/toyama/jiyukoza.page

お互いに学び合う例が多くみられる。

　図1-2は、インターネット市民塾で開かれている市民講師の開催方法を示している。ここでは、時間や場所を決めて学ぶ集合学習にこだわらず、インターネットを通じて自由な時間に参加する方法がとられている。受講者が参加しやすいことはもちろんであるが、市民講師としても活動しやすいことから、働き盛りや子育て世代も市民講師として活動しやすい。車での移動が難しくなった高齢者も、自宅から講座を開くことができる。

　このように、多様な世代の多くの人々が、さまざまなテーマや方法で市民講師として活動している。

1.2　人生の視界を変えた実践例

　経験や学んできたことをもとに自らが市民講師となる実践は、筆者が1994年に発表し、産学官による推進協議会として運用してきた「インターネット市民塾」もその一つである。そのなかには、市民講師になったことを機に、それまでの生き方や働き方とは異なる、新しい目標や生きがいを見いだし、「生き直し」をする者がいる。筆者が18年間のインターネット市民塾の運営を通して接してきた、のべ400人の市民講師にみる、人生の視界を変えた実践例をいくつかあげる。

1.2.1　喪失を乗り越えて70歳からの起業

　Aさん（現在81歳、男性）は、62歳で大手企業を定年退職した。現役時代は海外へも赴任する技術者だった。まだまだ働きたかったが、それまで母親の介護や子育てを妻に任せきりだったことから、延長雇用を選ばず退職した。

　まずは家族の絆の立て直しが必要だった。それまでは仕事を優先して、母親の介護や妻の苦労に十分向き合っていなかったという反省があった。一方で、自身は明日からの目標がなかった。とりあえずカラオケ教室など趣味を楽しみながら、これから必要になるといわれていたパソコン教室に

通い始めた。そのパソコンを役立てる目標の一つとして、インターネット市民塾の受講生として学ぶようになった。パソコン教室の講師の勧めだった。そこでは、講師から学ぶだけでなく、ほかの受講者と教え合う場があり、自身の悩みを伝える仲間ができた。

　その矢先に妻が重篤な病にかかった。現役時代の母親の介護や家庭を支えてきたことから解放されてまもなくだった。Ａさんは回復を願って、健康に関するさまざまな学習に打ち込み妻を励ました。

　その実践をもとに、生活習慣と予防に関する講座を市民講師として開催した。自身の実践を伝え学び合う場をもちたかった。そこでは学んできたこと、実践していることが他者に役立つことを知った。同時に、受講者のさまざまな状況や考え方に深く触れるようになった。自身の視野を広げる場となった。

　5年間の市民講師の実践を経て、県の起業家育成塾に入塾した。1年間の教育期間ののち起業する。このとき70歳。市民講師としての実践で得た専門的知識と、他者をとおして得た自己効力感と人的資産を役立てるものだった。

　事業はある程度の成功をみたが、そのなかで感じた社会的ニーズに応えるため、75歳にして福祉系の大学に入学した。80歳で学部を卒業後、さらに大学院をめざしている。

　Ａさんは、企業の退職にともない、家族との関係やその後の生き方をつくり直す必要に迫られていた。その難しい状況のなかで、市民講師として小さな一歩を踏み出した。その活動を通じて、それまでとは異質の他者との関係が生まれた。他者から期待され、自身も他者から学び取り、ひとまわり大きな視野で考えるようになっている。その後の専門的な学習や起業という「生き直し」につながった実践例である。

　難しい状況から次の状況に移るとき、それまでの経験（技術者の経験、問題への対処）や学び（社会環境と健康問題、妻の回復のための学び）が、他者や社会との接点のなかで新たな価値観を生み、新たな状況へ進もうとするモチベーションとなっている。市民講師を始めたことで、さらに新たな目標へのモチベー

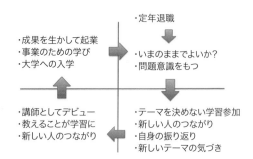

・定年退職
⬇
・いまのままでよいか？
・問題意識をもつ

・成果を生かして起業
・事業のための学び
・大学への入学

・講師としてデビュー
・教えることが学習に
・新しい人のつながり

・テーマを決めない学習参加
・新しい人のつながり
・自身の振り返り
・新しいテーマの気づき

図 1-3　定年退職後のモチベー
ションと行動（A さんの例）

ションが生まれ、その後の起業や大学への入学などに結びついている。これら
の流れは図 1-3 のように表すことができる。

1.2.2　自立して仕事をすることへのチャレンジ

　　アナウンサーとしてテレビ局に勤務していた B さん（現在 46 歳、女性）は、
仕事の多忙さに追われる日々が続いていたが、結婚を機にテレビ局を退社
した。家庭をもち、日々の時間にも余裕が出ると安堵していた。その矢先
に体の不調を感じる。仕事を通じたそれまでの人のつながりも少なくなり、
新たな目標を見いだせないでいた。「新たな活躍の場をもちたい」という
思いが高まる一方で、自ら企画し行動することの苦手さを改めて知ること
になる。それまで組織のなかで働いていたときには意識できなかったこと
だった。
　　そのような状況で、勤めていたテレビ局の上長から勧められた市民講師
にチャレンジする。苦手なことはたくさんあるが、仕事をとおして考えて
きた言葉の大切さをテーマに講座を開いた。講座を開くことは、その内容
を自ら企画し、初めての受講者と向き合い、受講者にとって学びの成果が
得られるという自己責任をともなう。それは、自身の苦手克服への小さな
チャレンジでもあった。
　　数人の受講者を相手に、それまで仕事で培ってきた「言葉の魅力、伝え
方」を教えた。それは一方的なものではなく、言葉についての受講者の感
じ方、経験に触れるものだった。講座が終わるころには、B さんと受講者

がお互いを励まし合うつながりも生まれた。このとき、Bさんに小さな自
信が生まれた。フリーアナウンサーとして独立した道を歩むことへの勇気
にもなっている。

Bさんの市民講師デビューは、企業組織から独立して新たな仕事を始めるこ
とに、さまざまな効果をもたらしている。それは自立して仕事をすることへの
苦手克服であり、受講者からの評価を通じて「自分の何が他者に役立つのか」「何
が不十分か」など、メタ認知することに効果的に働いている。そのうえで、受
講者に強い共感や受講者に与えたインパクトをとおして、「私にはこれがある」
という自己発見と自己効力感をもつことに結びついている。

1.2.3　定年を前に人との新たな関係づくり

Cさんは、定年を前に市民講師が開く歴史講座に受講者として参加した。
数年後の退職を前に、その後の人生の展望をもちえていないことへの不安
をもっていた。市民講師が開く歴史講座は、仕事では味わえない知る喜び
があった。身近な地域のアスファルトの下に潜む歴史ロマンを感じた。
　あるとき講座の講師から、「次はあなたが講師役」と市民講師の代役を
任された。それまで受け身だった立場から一転し、自ら講座を進行するこ
とへの戸惑いと経験がないことへの不安があった。
　市民講師デビューした最初の講座では、資料の準備を始め、町歩きの下
見などに力を入れ、熱心に学習を進めた。受講者の評価は悪くはなかった
が、何か物足りなさが残った。自分が用意した学び以上のものが生まれな
かったからである。そこで「教える立場」から「いっしょに学ぶ立場」へ
と講座の進め方を変えることにした。このことが功を奏して、講座は受講
者も教え合うコミュニティへと発展した。
　企業を退職したいまも、Cさんとその仲間による歴史講座は発展的な活
動が続いている。また、そこで得た人のつながりから、新たな仕事に就き、
それまでにない働き方を得ている。

市民講師デビューとその後の工夫は、Cさんにとって定年退職の前に、地域で新しい人のつながりのつくり方を学ぶものとなっている。大きな企業の技術者として長く働いてきたCさんは、企業を離れてからの生き方を考える機会はあまりなかったという。組織目標の達成を至上とする企業社会と違って、学びをとおしてのコミュニティづくりが大切なことを、市民講師デビューから学んでいる。

1.2.4　さまざまな生き直しのかたち

　このほかにも市民講師デビューをとおして、人生の難しい局面を乗り越え、新しい生き方、働き方を見つけている例は多い。

- 長く続けてきた栄養士の仕事を引退するにあたって、それまでに培ってきたノウハウを人に伝えるための講座を企画。ITへの不慣れや受講者への責任に不安をもちながら、1年半をかけて講座を開講した。受講者を募集したが、集まったのは二人だった。それでも自分が大事にしてきたことを聞いてくれる人がいるだけでも幸せなことと、大いに感謝した。その姿に共感した若者が、いつかはこのように人に伝えることができる仕事をしたいとインパクトを受けた。市民講師自身も、それまでの仕事を振り返る大事な機会となったことを喜んだ。
- 転勤によってそれまでの仲間とも離れ、新任地での仕事や人間関係に不安をもっていた。たまたま移動の途中で地震の影響を受けて立ち往生した駅で、不安な心持ちの人たちを和まそうと、とっさに簡単な手品を披露した。場の雰囲気が和らいだ。この経験を生かし、初めての人との関係をつくる契機にしようと、新任地で市民講師デビューして手品の講座を開いた。受講者から逆に学んだ地域のことが、新任地での職場での人間関係づくりに大いに役立った。

1.3　市民講師デビューの動機は何か

　このように人生の視界を変えた市民講師の実践は、どのような動機づけから生まれたのか、その背景は何だろうか。市民講師のモチベーションに焦点をあ

表 1-2　調査対象の市民講師の属性

	年代	性別	職業など	講師経験	講座のテーマなど	終了後の新たな活動
P1	40	女	フリーアナウンサー	3 年以上	言葉	新たな学習グループ
P2	50	女	会社員	3 年以上	講師体験	体験した受講者への講師活動支援
P3	70	男	事業経営	3 年以上	健康問題	高齢期の認知発達研究と地域の高齢者の活性化
P4	30	女	無職	なし	アートセラピー	身近な地域で講師活動
P5	60	男	無職	なし	街歩き	新たな学習グループ
P6	60	男	無職	なし	スマートフォン	継続開催
P7	40	女	インストラクター	3 年以上	片づけコーチング	継続開催
P8	30	男	インストラクター	3 年以上	パソコン活用	ボランティア講師
P9	60	男	無職	3 年以上	世界遺産	継続開催
P10	40	男	教員	3 年以上	御朱印	
P11	60	男	無職	なし	富山弁	県民カレッジ自遊塾講師
P12	40	女	美容マッサージ店経営	3 年以上	アンチエイジング	老人ホーム、介護の場での訪問サービス
P13	40	女	会社員	なし	セルフカウンセリング	
P14	40	女	インストラクター	3 年以上	パソコン活用	継続開催、IT 支援員
P15	50	女	会社員	なし	サークル	新たな学習グループ
P16	60	男	無職	2 年	地球温暖化	地域の文化財を学ぶネットワークづくり
P17	40	男	塾経営	3 年以上	郷土史	継続開催
P18	60	男	無職	2 年	郷土史	郷土を学ぶガイドマップの出版
P19	30	男	会社員	なし	マジック	継続開催
P20	30	女	看護師	3 年以上	アロマセラピー	介護施設などの訪問サービス

てて、市民講師という活動を始めようとする動機がどのように生まれているかを考えてみたい。

1.3.1　市民講師の意識調査

　自発的に教える側に立つ市民は、社会のさまざまな場面に存在している可能性をもつが、その実態は把握しにくく潜在的でもある。ここでは、後述するインターネット市民塾の市民講師として、2014 年度に活動した全 20 名を対象に行った意識調査の結果を紹介する（表 1-2）。この 20 名は

　・金銭的な報酬を目的としていない

　・誰かの指示を受けた受動的、義務的に行う活動ではない

という点で共通し、あくまでも自発的な申し出によって活動する市民講師であ

る。自発的に教える側に立つ市民は、社会のさまざまな場面に存在することを
考えると、対象者としてはごく少数であるが、18年間にわたって同様の参加
が持続的にみられることから、その参加者を分析して、共通点を探った。

　これらの対象者に、市民講師を始めようとした動機や、市民講師の活動をと
おしてどのような変化があったか、まずは直接確認している。対象者全員に意
識調査（アンケート調査）を行い、統計的に分析し、共通点や傾向、始めた動機
と始めたことによる変化の相関などを読み取った。これらの対象者が答える動
機は、最終的に市民講師をめざした理由としてあげられるものであり、自発的
に市民講師をめざすまでには、さまざまな背景や過程が存在していることが想
像される。そこで、市民講師の申し出にあたって提出された企画書やプロフィー
ル、スタッフとの面談記録などに範囲を広げ、それらの記述情報から意味を読
み取る質的分析の結果も行っている。この分析によって、意識調査の結果を裏
づけるとともに、その背景にどのような要因が関与してモチベーションが形成
されたか分析した。

(1)　調査の方法
　・対象者：2014年度市民講師20名
　・調査項目：全40項目（巻末付録　資料1）
　この40項目は、それまでの市民講師のアンケートの自由記述から頻出語を
抽出したもので、
　①市民講師を始めようと考えた動機
　②実際に始めることができた理由
　③始めたことによる意識の変化
　④活動後の意識と新たな活動
の四つのカテゴリーで構成されている。

　各項目には、それぞれのカテゴリーに関する頻出キーワードを用いた。抽出
の情報源は、市民講師ひとりひとりの活動の申し出から経過と評価の記録、市
民講師から提供されるプロフィールや活動（講座開催）企画書、本人や受講者
から提供される評価情報、スタッフの面談記録などである。回答は全質問項目
について、「強くあてはまる＝4」から「まったくあてはまらない＝0」まで5

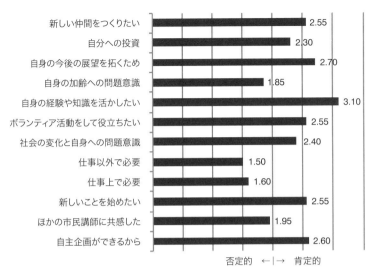

図 1-4　市民講師を始めようと考えた動機
n = 20，5 件法による平均値

表 1-3　始めようと考えた動機の間の相関表
n = 20，相関係数の上位

変数	vs. 変数	相関	*p* 値	参照番号
新しいことを始めたい	社会の変化に対して自身の問題意識を もっていたから	0.7852	＜ 0.0001	①
	自身の今後の展望を拓きたい	0.7546	0.0002	②
	自分への投資になる	0.6942	0.001	③
自分への投資になる	社会の変化に対して自身の問題意識を もっていたから	0.6218	0.0045	④
	自身の加齢に対して問題意識をもって いたから	0.5595	0.0127	⑤
講座や学習サークルを自分 で企画し開催できるから	新しいことを始めたい	0.5932	0.0074	⑥
経験や学びを生かしたい	自身の加齢に対して問題意識をもって いたから	0.5694	0.0109	⑦
地域社会に役立ちたい	社会の変化に対して自身の問題意識を もっていたから	0.5578	0.0131	⑧

段階で回答する 5 件法とした（肯定的・否定的の中間得点は 2）。

　・期間：2014 年 11 月〜 2015 年 1 月

　・方法：電子メールによる調査票の送付と回収

　・回収率：対象者 20 名、回収 20 名（回収率 100％）

（2）調査の結果

　アンケート調査では、始めようと考えた動機として（図1-4）のような回答があった。質問への肯定的な回答は、「経験や学んで来たことが生かせると考えたから（以下、経験や学びを生かしたい）」「自身の今後の展望を拓くことに役立つと考えたから（以下、展望を拓きたい）」「何か新しいことを始めたいという気持ちがあったから（以下、新しいことを始めたい）」「ボランティア活動をして地域社会に役立つことができるから（以下、地域社会に役立ちたい）」など8項目である。

　これらの回答の間では、いくつかの強い相関がみられる（表1-3）。「何か新しいことを始めたい」（参照番号①〜③）や「自分への投資になる」（④、⑤）、「今までの経験や学びを生かしたい」（⑦）、「地域社会に役立ちたい」（⑧）など、これらの動機にはいずれも「社会の変化に対して自身の問題意識をもっていたから」や「自身の加齢に対して問題意識をもっていたから」との強い相関がみられる。これらの問題意識は単独ではそれほど高い得点ではないが、ほかの動機を誘発する背景になっていることが示されている。一方、得点がもっとも高かった「経験や学びを生かしたい」は、上位の相関には現れず、単独で生じている動機とみることができる。

1.3.2　市民講師の言葉を分析する

　市民講師への意識調査では、「経験や学びを生かしたい」「仲間づくり」「自分への投資」など、市民講師を始める積極的な動機が高い割合であげられているが、その背景には、「社会の変化に対する自身への問題意識」や「自身の加齢に対する問題意識」など、不安を背景として生まれたモチベーションが含まれることがわかる。また、自己効力感や省察など市民講師の内面に生じた意識変容が肯定的であり、受講者からの外発的な要因による意識変容もみられることから、市民講師の活動をとおして新たな活動が生まれるのは、受講者との間で何らかの相互作用が生じていることによるものと考えられる。

　このように、対象とした市民講師全体にみられる傾向として、表面的にはとらえにくい動機の新たな側面が存在することがわかった。そこで背景や過程を分析し、動機が生まれている要因を探るため、情報をさらに広げ、市民講師の

言葉の意味を分析してみる。

（1）調査の方法
i）対象とした言葉
　　・表 1-1 の対象者 20 名について、市民講師の登録申し込み時に提出された「市
　　　民講師プロフィールシート」および、講座開催企画書の「開催の動機」欄
　　　の記述を抽出した。
　　・対象者 20 名に、背景となるポートフォリオの記載を依頼した。具体的には、
　　　市民講師の活動を始めようと考えるまでの仕事や家族、生活環境などのお
　　　もなトピックと、そのさいにもった問題意識や対処について、可能な範囲
　　　でさかのぼって書いてもらった。回答のなかの不明な部分については面談
　　　と電話で確認し、記述を補足した（2015 年 1 月〜 2015 年 4 月）。
　　・表 1-1 の対象者について、講座開催後に提出された「振り返りシート」(チェッ
　　　クシート) の記述を抽出した。講座企画時と比較して自己評価と他者評価(受
　　　講者評価) を行っているもので、次年度の予定が記載されている。
ii）分析方法
　　市民講師が記述した文章を、計量テキスト分析ソフトウェア KH Coder [5] を
　利用して分析した。このソフトウェアは、文章などの大量のテキストデータを、
　日本語の切り出しと形態素解析を行い、計量的に内容を分析することに適して
　いる。このソフトウェアを用いて、言葉を階層的にまとめる「抽出語クラスター
　分析」、言葉の関連をネットワークで表現する「抽出語共起ネットワーク分析」
　を行った。

（2）分析結果
i）言葉の関係性からわかるもの
　　まず、テキストデータ全体のおおまかな傾向を把握するため、全抽出語を階
　層的にまとめるクラスター分析を行って質的分析も行った。その結果、次の三

　　5　計量テキスト分析ソフトウェア KH Coder（ver. 2.0）の機能などについては http://khc.
　sourceforge.net を参照。このソフトウェアを用いたテキスト分析の方法と研究での応用方法
　は、樋口［2014］によって示されている。

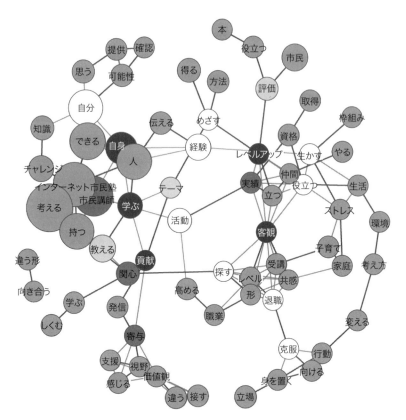

図 1-5　市民講師を始めようとしたモチベーションと背景についての抽出語共起ネットワーク
(*n*=20、抽出語 =3575、KH-Coder ver. 2.00 使用)

つのまとまりに集約できることがわかった。

・「経験」や「実績」「客観」などの言葉を代表として、これまでのさまざま
　な出来事や関連語が集まるクラスター
・「自分」を代表として内面を表す言葉が集まるクラスター
・「関心」や「寄与」を代表とする、外部に向けた意識や行動に関する言葉
　が集まるクラスター

この三つが「市民講師」という言葉とのつながりを構成していることから、モ
チベーションを形成するための語群は三つに分類できることがわかった。

　次に、それらの要素を詳細に調べるため、同じ抽出語について共起ネットワー

ク分析を行った（図1-5）。

　これによると、終端となる言葉の「市民講師」や「インターネット市民塾」
の周辺には、「考える」「できる（こと）」「自分」「自身」などがある。共起の関
係が強い言葉として、「教える」と「学ぶ」があり、「人」を介して「伝える」
とも強い共起の関係がみられる。自身のことを人に伝え、教えることが学びに
結びつくという関係性が示され、市民講師への直接的な理由になっているとい
える。これらの言葉の周辺に現れている言葉として「経験」「伝える」「チャレ
ンジ」「可能性」「貢献」「関心」などがあり、その先につながっている言葉のネッ
トワークは、動機を共起させ影響を与えていることがらとなる。これらの言葉
のネットワークをクラスター分析によってとらえた三つの語群と照らし合わせ
ると、その具体的な要素をとらえることができる。すなわち、「経験」から結
ばれる大きなネットワークには、「レベルアップ」「生かす」「仲間」「資格」「実
績」「評価」などの言葉が共起し、「客観」が橋渡しするかたちで位置している。
一方、「退職」「職業」「子育て」「生活」「ストレス」など、現実的な状況を表
す言葉も共起している。さらにその先に、「立場」「身を置く」「行動」という
言葉と共起して「克服」「変える」という言葉がみられ、何らかの課題を抱え
る状況が推察させる。

　それらの言葉がどのような文脈で使われているか、計量テキスト分析ソフト
ウェアの機能（コンコーダンス検索機能）[6]を使って原文を調べた。その結果、「経
験」は、「店に来る人だけを考えていては、広がりがもてなくなるのではない
かという不安と問題意識をもっていた。長年の仕事をとおしてデータと経験に
もとづく指導経験をもっている。新しい枠組みでこれを生かす場を広げたい」
などというかたちで現れる。「客観」については、「多少は学んできたが、それ
がどの程度のレベルか自分ではわからない。市民講師として教えることはそれ
を知る機会になると考えた。他者をとおして自身を客観的にとらえたい」など
となっている。また、「克服」は、「不安や苦手を克服して自信をもちたいと考
えた。自身の枠を広げるためには、これまでと違う人たちと接して、新たにで
きることを探りたいと考えた」などという文脈であった。次に、「自分」を中

6　指定したキーワードがどのような文脈のなかで用いられているのか、検索し表示する機能。

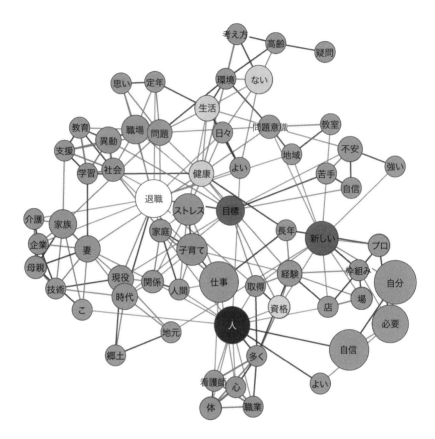

図1-6　市民講師の背景についての抽出語共起ネットワーク
（*n*=20、抽出語 =1650、KH-Coder ver. 2.00 使用）

心としたネットワークでは、「知識」「可能性」「チャレンジ」「できる」など、
内面を表す言葉の関係性が示され、その意欲が直接的に市民講師へと結びつい
ていることがわかる。原文を確認すると「可能性」については、「転勤してき
た地で新しい可能性を見いだすために、人との新しい接し方をするのはよいこ
とだと思い、市民講師への参加を考えた」などとなっていた。さらに「関心」
を核として、「貢献」「発信」「寄与」という外部に向けた言葉が連なるネットワー
クがある。それらの言葉と共起して「価値観」「視野」という言葉が含まれて
いる。原文を調べると、「価値観」は、「いままでとは違う人たち、違う視野を

もつ人たちと接して、多様な価値観を得たいと市民講師にチャレンジした」などとなっている。

ⅱ）背景を探る

　上記の「何らかの課題を抱える状況」がモチベーションの形成に小さくない影響を与えているという推察を裏づけるため、さらに対象者の背景に絞った分析を行っている。ここで処理するテキストデータを、対象者に記載を依頼した背景に関するポートフォリオの記述文（自身に関わるおもなトピック、トピックにおける問題意識と対処など）に絞って分析処理を行っている（図1-6）。

　出現頻度の高いのは、「仕事」「退職」「ストレス」「子育て」「家族」「自分」「自身」「新しい」「必要」などである。これらの言葉を軸に、①退職や異動、定年など就業に関連する出来事、②家族や子育てなど家庭に関する出来事、③新しい枠組みや場を必要とする出来事の三つをおもな構成要素としてとらえることができる。そのうえで、これらを結ぶ言葉として「問題意識」や「目標」「人」「新しい」という言葉が存在することがわかる。さらに周辺には、「介護」「疑問」「強い」「不安」「苦手」など、深刻な問題も存在することがわかる。原文を調べると「退職」と「目標」は、

　　「大手企業の技術者として活躍、海外へも赴任。妻に母親、家族を任せてきた。母親の介護のため企業を退職。もっと働きたかった。まずは家族の絆の立て直しが必要だった。目標がなくなってしまった」
　　「現役時代はつねに目標が与えられていたが、退職してしまうと誰も与えてくれない。自ら目標をつくるのに教える目標をもとうと考えた」

などといった文脈で使われていた。「新しい」は、

　　「自身のことを伝えることで、教え合う場ができ、新しい枠組みで自分のこれからを考えることができると思った」

などという文脈であった。意識調査で市民講師を始めようとした積極的なモチベーションの背景に、「自身への問題意識」が関わっているとしたが、これら

の言葉の分析の結果は、その具体的な原因を詳細に裏づけるものといえる。とくに、退職や異動、家族の状況の変化など、ライフサイクルの局面が関わっていることは明らかである。

　表1-3の分析と合わせて考えると、ライフサイクルの重要な局面に、直面している課題を克服しようと、「新しい」「目標」を模索することが、市民講師を始めようとする動機に結びついたといえる。市民講師の活動後に新たな活動を始める動機が生まれるのは、その模索の結果ととらえることもできる。

1.4　市民講師デビューがもたらす意識と行動の変化

1.4.1　実践して生まれるさまざまな気づき、学び、変容

　市民講師には、実際に取り組みを始めたことによってさまざまな変化がみられる。筆者がインターネット市民塾で接してきた市民講師からは、次のような声を聞く。

（1）相談の段階

　講座の企画相談では、市民講師をめざす動機として、次のような声があげられる。

　　・テーマをもって活動している市民講師に共感した
　　・幅広い世代の人の考えに触れた
　　・自分にも経験や学びを伝えることができそうだと思った
　　・これまでの経験をほかの人につなぎたいと考えた

これらは、市民講師が開く講座に参加し触発を受けたことが動機となったものである。このほか、

　　・与えられる仕事より自分でつくる仕事をしたいと考えた
　　・仕事だけでは広がらない新しい自分をつくりたいと考えていた
　　・プロとしてさらに自分を高める必要性を感じていた
　　・これからの時代に必要なことをいっしょに学びたいと考えた

などがあげられている。

（2）講座の企画

　講座の企画を進めているなかでは、次のような声が聞かれた。

・開催しようとする内容について図書館で確認することが多くあった
・この講座を開くために、これまでどのようなことを学んできたか振り返ることが多くあった
・自分の力だけで開催するのではなく、仲間で学ぶために開催するスタイルがあるというアドバイスは、目からウロコだった
・受講者を集めるため、講座の内容や自身のプロフィールをまだ会ったこともない市民にどのように伝えたらよいか、それを考えることがこの講座のテーマや自身と社会の関係性を考えることになった
・講座の企画内容や自身のプロフィールが、受講者を募集するパンフレットに載って広く配布され、また、インターネットを通じて公開されることは、地域にデビューすることだと自覚した

　このように、講座を企画する過程にたくさんの学びがあったことがうかがえる。また、インターネット市民塾の市民講師として講座を開催することが、仕事や家庭、私生活とは違う、新たな時間・空間をもつことになるという期待もうかがえる。

（3）開催後の評価・今後の検討

　講座の開催後に振り返りを求めると、次のような意見があがっている。

・受講者から多様な考えや経験を学んだ
・受講者として集まった市民にはそれぞれの環境や経験の違いがあり、さまざまな課題の解決に取り組んでいることを知った
・望ましい地域社会について考えるようなった
・これまで経験してきたことを学び直した
・教えるために学ぶことは、自身の財産を作ることと思った
・自身の経験や活動を積極的に紹介するようになった
・人とのつながりをもつことに積極的になった
・生活や仕事に関する情報が増えた

また、今後に向けてどのようなことを考えたかという問には、次のような意見

を聞く。
　　・講座に集まった受講者の共感できる仲間といっしょに活動したい
　　・仲間と新しい活動グループを立ち上げたいと考えた
　　・自身の経験や知識で足りないことを補う学びに取り組み始めた
　　・これからの活動の企画に取り組んでいる
　　・調和と共生の社会づくり役立つ活動を模索している
　　・若者の自立支援に取り組み始めた
　　・事業を起こす勉強に取り組んでいる
　これらの声から、市民講師としてデビューすることの意味を次のようにまとめることができる。
　　・何ができるか振り返る
　　　自身の経験や学んできたことを振り返り、自分にできることが何か考える機会になる
　　・教えるために学ぶ
　　　講座開催に向けて、自らの知識を整理し、専門家や文献などにより補おうとする学びの意欲を高める
　　・参加者から学ぶ
　　　幅広い世代の参加者が知識を持ち寄り学び合うことにつながる
　　・他者、社会と接する
　　　初めて接する参加者の多様な考え方、課題、価値観に接して、それまでの自身と照らし合わせる機会となる
　　・自身の知の顕在化
　　　講座の開催は自身の知の棚卸になっている。また、これまでの経験・潜在的な学びが参加者によって引き出される
　　・新たな目標への学び
　　　参加者にさらに応えようとする意欲や、参加者から与えられた自身の気付きが、新たな学びの目標設定につながる

1.4.2　活動による意識の変化
　前述の 20 人の市民講師を対象としたアンケート調査では、始めたことで図

図 1-7　市民講師としての活動を始めたことによる意識の変化
(*n*=20、5 件法による平均値)

1-7 のような意識の変化がみられた。すべての項目で肯定的な回答が示された。
　「受講者や参加者から学ぶことがあった」「受講者や参加者の幅広い考えに気
づいた」「講師と受講者がいっしょに学び合うことはよいことだと感じた」と
いう回答は、いずれも受講者との関係性をさす言葉であり、幅広い受講者が参
加している事実から多様な経験や知識をもつ受講者と接したことによる、外発
的な意識の変化とみることができる。一方で、教える側として「経験や学んで
きたことが役立ったと感じることができた」「受講者によい影響を与えたと感
じることができた」という自己効力感とともに、「経験や学んできたことを振
り返るようになった」「経験や学んできたことをさらに深めるための学び直し
の必要性を感じた」という振り返りが生まれている。これらは、市民講師自身
の内面に新たに生じた内発的な意識の変化とみることができる。また、「他者
と積極的にコミュニケーションをとるようになった」「異なる意見の人ともよ
い関係をつくろうと考えるようになった」「受講者や参加者の状況に心配りす
るようになった」など、積極的に受講者や参加者との関わりをもとうという行
動の変容にも肯定的である。

このような、市民講師の意識と行動の変容は、受講者と相互に影響し合う相互作用が生じている表れと考えられる。「経験や学んできたことをもっと広く伝えることができそうだと思った」「地域や社会の動きや課題に関心をもつようになった」という、新たに一歩進もうとする意識も肯定的に示されている。

1.4.3 活動によるモチベーションの変化

活動を始めようと考えた動機と、活動による意識の変化との相関を調べた。（表1-4）。それによると、始めようと考えた動機として、「経験や学びを生かしたい」をあげている者は、「経験や学んできたことが役立ったと感じることができた」（①）や、「経験や学んできたことを振り返るようになった」（③）、「経験や学んできたことをもっと広く伝えることができそうだと思った」（⑧）などとの相関が示され、市民講師を始めようと考えた動機に沿ったものといえる。

一方で、「開催することで新しい仲間をつくることができるから」をあげた者は、「他者と積極的にコミュニケーションをとるようになった」（②）、「地域や社会の動きや課題に関心をもつようになった」（④）、「異なる意見の人ともよい関係をつくろうと考えるようになった」（⑥）などとの相関が示され、活動の結果として生まれた新たな意識変化ととらえることができる。

表1-4　始めようとした動機と活動による意識変化の相関
$n = 20$、相関係数の上位

始めようとした動機	活動による意識の変化	相関	p 値	参照番号
経験や学びを生かしたい	経験や学んできたことが役立ったと感じることができた	0.7944	< 0.0001	①
新しい仲間をつくることができると考えたから	他者と積極的にコミュニケーションをとるようになった	0.7337	0.0003	②
経験や学びを生かしたい	経験や学んできたことを振り返るようになった	0.7202	0.0005	③
新しい仲間をつくることができると考えたから	地域や社会の動きや課題に関心をもつようになった	0.7086	0.0007	④
自分への投資になる	地域や社会の動きや課題に関心をもつようになった	0.6977	0.0009	⑤
新しい仲間をつくることができると考えたから	異なる意見の人ともよい関係をつくろうと考えるようになった	0.6663	0.0018	⑥
新しいことを始めたい	経験や学んできたことが役立ったと感じることができた	0.6572	0.0022	⑦
経験や学びを生かしたい	経験や学んできたことをもっと広く伝えることができそうだと思った	0.644	0.0029	⑧

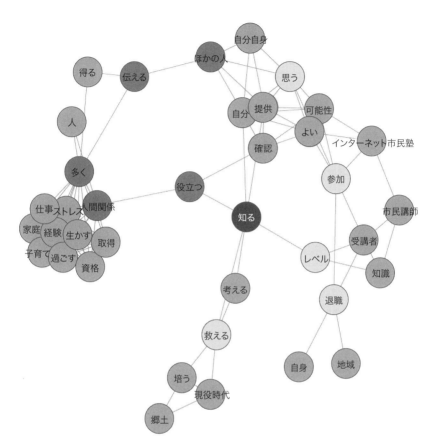

図 1-8　活動を考えたときの言葉についての抽出語共起ネットワーク
(*n*=7、抽出語 =778 、KH-Coder ver. 2.00 使用)

　次に、図 1-3 の分析に用いた対象者 20 名のなかから、2014 年度に初めて市
民講師の活動を行った 7 名について言葉の分析を行い、活動を始めるさいの言
葉（図 1-8）と、1 年後に活動を振り返った言葉（図 1-9）を比較した。その結果、
始める前に多く現れていた「退職」「ストレス」「人間関係」「子育て」「現役時
代」などの言葉は、1 年後の振り返りではほとんどみられなくなり、代わりに
「自身」「新しい」「自分」「プラス」という言葉が現れている。これらの言葉と
「出版」「発信」「チーム」など地域活動に関する言葉を結ぶものとして、「活動」
がキーとなっていることがわかる。図 1-4 の統計と照らし合わせることで、市

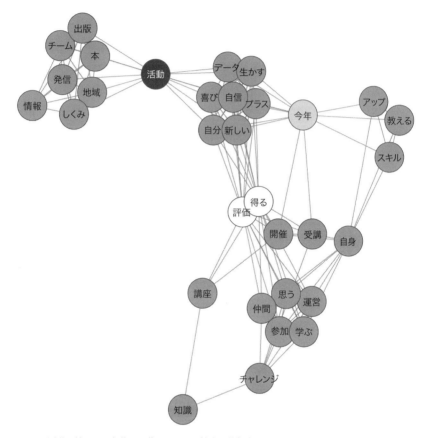

図 1-9　活動を始めて 1 年後の言葉についての抽出語共起ネットワーク
（n=7、抽出語 =1049、KH-Coder ver. 2.00 使用）

民講師の活動をとおして地域社会に目を向けた、新たなモチベーションが生まれている内容を具体的に確認することができる。

1.4.4　行動の変化

　これらの市民には、経済活動の最前線にいる働き盛りや、豊かな経験をもつシニアも含まれ、新たな市民講師は自発的に地域デビューする市民という見方もできる。また、講座の開催を通じてほかの参加者（受講者）と共有した地域課題の解決を志す参加者もいて、地域人材の顕在化といえる。

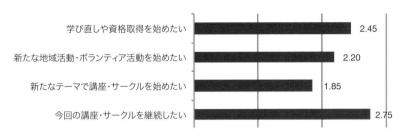

図 1-10　市民講師の活動後のモチベーション
(*n*=20、5 件法による平均値)

　市民講師という行動自体が一種の社会的活動ともいえるが、より着目したい
のは市民講師自身が新たな社会的活動へとモチベーションが高まる（エンパワー
メントする）変容である。たとえば富山インターネット市民塾では、2014 年度
の市民講師 20 名に講座終了後に今後どのような活動を考えているか質問した
ところ、図 1-10 にみるように高い割合で新たな活動を考えていることがわか
る。実際に、終了後に 9 名が地域活動やボランティア活動をめざし、4 名が新
たな学習グループを立ち上げている。その成果は、郷土史の出版や、健康づく
りの新しいサービスの起業など、幅広い分野にみられる。いうなれば、これら
の市民講師は自らの意思で顕在化する地域人材である。
　地域に密着した活動としては、手仕事体験学習プログラム（e 手仕事図鑑）を
開発し、子どもたちといっしょに職人の技と心を学ぶ活動が生まれている。歴
史講座では、江戸、大正、昭和の古地図と現代地図を見比べるスマートフォン・
アプリを開発し、街歩きで活用している。戦災で失われたかつての街並みや文
化を探り、街づくりを学んでいる。高齢者の ICT バリアフリーと社会参加を
応援する、シルバー情報サポーター活動も活発である。
　このような講師のモチベーションは、参加する受講者にも伝わり、受講者の
なかから新たな講師も生まれている。例として、50 代の市民が開く講座に参
加していた 30 代の女性が、身近なテーマで講座を開催した。その講座に参加
していた 70 歳の女性が、今度は自らのライフワークとしてきた栄養士の研鑽
を生かして市民の健康づくりに関する講座を開催するなど、世代を越えて「知
の還流」が生まれている。働き盛りは子育て世代でもある。働き盛りがいきい
きと学ぶ姿に、子どもたちが学び方を学ぶ。シニアの豊かな経験が生かされる

ことは、社会への知の還元となるとともに、若者や働き盛りが将来に希望を見いだすことにもつながる。若者、働き盛り、シニアの知の還流は、今後の持続可能社会をめざすうえで重要な要素である。

1.4.5　キー・コンピテンシーの変化

　講座を開催する市民講師には、その過程で上記のようにさまざまな学びが生まれている。その学びをキー・コンピテンシー[7]の評価として紹介する。

　調査では、2011 年度の市民講師に、講座終了後に三つのキー・コンピテンシーについての自己評価を依頼した。自己評価にあたっては、講座ごとに受講者からのアンケート結果を示している。

　・実施：2010 年 12 月〜 2011 年 1 月
　・対象者：機関・団体の依頼を受けた講師を除く市民講師 30 名
　・回収：23 名

（1）異質な集団で交流する力

　講座の開催をとおして「場をつくる」「他者とのよい関係をつくる」「お互いに応援し合う関係をつくる」について、約半数が「できた」と答えている（図1-11）。「異なる意見、争いを処理し解決する」については、「どちらともいえない」が半数となっているが、実際にそのような状況が発生しなかった、もしくは深い議論がなかったかのいずれかと推察される。それでも、5 人の市民講師が「できた」と答え、3 人が「できなかった」と答えていることから、さまざまな経験をもつ幅広い参加者が集まる講座のなかで、市民講師がこのような状況に直面し、実際に対応したことがわかる。

　7　キー・コンピテンシーとは、社会生活で必要な能力のうち、とくに重要とされる次の三つの
　　能力をいう。
　　・相互作用的に道具を用いる力
　　・自律的に行動する力
　　・異質な集団で交流する力
　　これらが必要とされる背景には、
　　・テクノロジーの急速な進展などによる変化
　　・グローバリズムの拡大による経済、文化、生活などの相互依存
　　・多様な価値観をもつ個人間の関係性の、複雑化と個別化
　　などがある。経済協力開発機構（OECD）は 2002 年にこれらのキー・コンピテンシーの定義と
　　選択を行った。

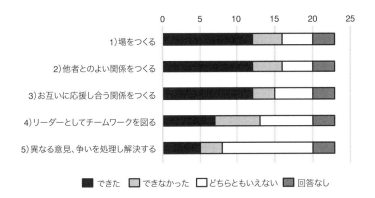

図 1-11　異質な集団で交流する力についての自己評価

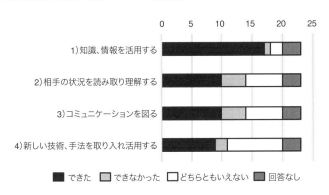

図 1-12　相互作用的に道具を用いる力についての自己評価

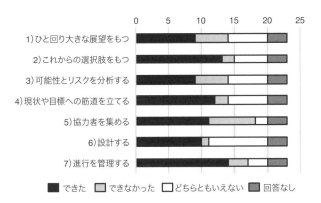

図 1-13　自律的に活動する力についての自己評価

（2）相互作用的に道具を用いる力

　多くの市民講師は「知識、情報を活用する」について「できた」と答えている（図1-12）。これは自身が主体的に行うことでできる性質である。一方、「相手の状況を読み取り理解する」、「コミュニケーションを図る」は、受講者との相互の関係が必要な性質である。約半数が「できた」と答えている。

（3）自律的に活動する力

　各項目ともに約半数が「できた」と答えている（図1-13）。自発的に市民講師を志した経緯や、講座の開催が市民講師の主体性に委ねられる環境のなかで、いずれの項目についても責任をもつ立場に自身を置き、先にあげたようなさまざまな工夫を行った結果とみることができる。企画の過程でさまざまな学びを得ていることは先に述べたとおりである。なお、「協力者を集める」については、「できなかった」が多く、市民講師自身が開講への自己の課題を十分把握していなかったことが影響したと推測できる。

1.5　市民講師デビューによるアイデンティティの再構築

　意識調査では、「経験や学びを生かしたい」「展望を拓きたい」「新しいことを始めたい」という漠然としたモチベーションが多くみられたが、詳細調査の結果との照らし合わせで、その背景を立体的にとらえることができた。とくに、退職や転勤、家族の問題など、ライフサイクルの局面もモチベーションの形成に関わっていることを具体的にとらえることができた。これらは、自身のありよう、つまりアイデンティティに関わる出来事でもある。それまでの考え方の基準となる、家族、他者、社会との関係性を見直す機会、あるいは変えざるをえない状況が生じているといえる。

　次に、モチベーションの形成過程に着目する。図1-5の共起ネットワークに表された語の関係性をみると、職業や社会生活のなかでの局面を契機に、自身のアイデンティティと照らし合わせた「省察」[8]があり、状況の転換を模索する過程がある。その試行として、市民講師という機会を選択するモチベーションが生まれている。また、市民講師の活動を始めることで、他者や社会と自身

の新たな関係性を見いだし、表 1-2 のような新たな社会的活動が生まれている。
すなわち、

・自分にできることを、他者、社会と接して「模索」する

・経験や知識が役立つかどうかを「確認」する

・これまでと異なる枠組みで、視野を広げ、新たな価値観を「模索」する

・仲間や場、相手、他者との新たな関係を「再構築」する

といった、状況の転換をともなうモチベーションと解釈できる。

　経験や知識を生かした学習モデルについて、コルブの経験学習サイクル論が
ある［Kolb 1984］。それまでの具体的な経験が学びにより省察的に観察する機会
となり、経験が抽象的概念化され、新たな適用の可能性を広げ、能動的実験へ
と結びつくことを示した。また、後小路［1993］はコルブの経験学習サイクル
はらせん型（スパイラル）の性質をもつと説明した。学習サイクルをくり返し
ながら発展していくとし、短期完結・目標達成型（学習サイクル的展望）と、生
涯的な過程（ライフサイクル的展望）につながる二つの観点をあげている。分析
した市民講師のモチベーションにも、二つの観点で当てはめて考えることがで
きる。ライフサイクルの重要な局面を背景としてこれまでの自身を省察し、「新
しいことを始めたい」「自分の展望を拓きたい」などの模索によって経験の再
評価と新たな活用へのモチベーションが生まれ、市民講師を始めることに結び
ついている。この過程は、学習サイクルと同様の解釈ができる。また、その活
動によって新たな目標を見いだし、社会に目を向けた活動へと発展させること
で、自身のライフサイクルの状況を変える新たならせん型のサイクルが生まれ
ている。

　そもそも拘束力がなく自発性に委ねられている学習活動へのモチベーション
は、とらえにくいものと考えられてきた。しかし、多くの市民がもつライフサ
イクルの局面が強く関わり、その局面を変えていくモチベーションが含まれて
いることがわかる。

　ライフサイクルの局面での課題を学びに変えていく一つとして、市民講師の

8　省察（リフレクション、内省）とは、これまでの自身の言動やいまに至る経過を振り返る
　ことをいう。さまざまな経験を通して培ってきた知識やノウハウ、自身の特性を考える機会
　にもなる。

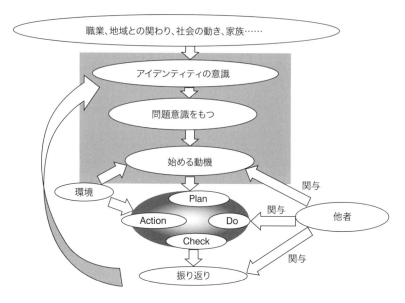

図1-14　アイデンティティ意識化モデル

　活動は大きな意味をもつといえる。ここで焦点を当てた市民講師の活動は、社会全体のごく一部にすぎない。しかしそのモチベーションの背景にある、ライフサイクルの局面は多くが経験するものである。その局面での課題を学びに変え、新たな活動に結びつけているのが市民講師デビューである。

　このように、市民講師を始めた動機には、自身のありようについて何らかの問題意識を起こしている。そしてアイデンティティの意識が生まれ、自身の知識や経験を振り返るとともに、ときどきに出会った他者との関わりのなかで、新たな価値観を見いだし、始めようとした動機に結びついていた。さらに、他者の後押しも受けて実際に市民講師として活動することで、自己効力感が生まれ、再びアイデンティティの意識につながっている。この流れを図1-14に示す。

　次に、このモデルをもとに、市民講師への意識調査とポートフォリオ調査を突き合わせると、次の共通点を見いだすことができる。

　・市民講師として活動を始める原因をたどっていくと、何らかの状況の変化、とくに退職、転職、転勤など、ライフサイクルの転機が強く関与している

表 1-5　パースペクティブ変容の局面
［メジロー 2012］

①	混乱するジレンマ
②	罪悪感や恥からの自己検討
③	批判的アセスメント
④	自分の不満と変容プロセスの共有可能性と他者が乗り越えたことへの気づき
⑤	新しい役割、関係、行動の選択を探る
⑥	行動の策を練る
⑦	自己の計画を実行に移すための知識と技能を習得する
⑧	新しい役割のなかで、能力と自信を身につける
⑨	自己の新しいパースペクティブにもとづいた条件を土台に自分の生活を再統合する

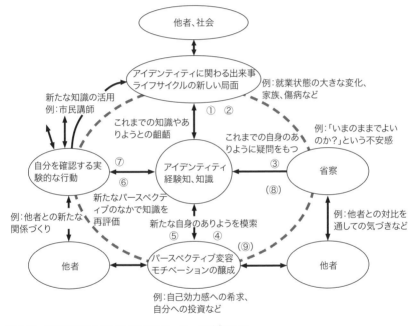

図 1-15　経験学習サイクルによるモチベーション形成モデル

・状況の変化のなかに、これまでの価値観や行動に対する不都合や矛盾が生じることで、ふだんあまり意識していないアイデンティティを意識し出す
・アイデンティティの意識がこれまでの自身の振り返りにつながり、経験や学んできたことを客観的にとらえるメタ認知[9]が生じている

9　自身の知識、判断、行動の特徴などを客観的にとらえ評価すること。

・振り返りやメタ認知が生ずる引き金として、他者との関わりや学び合いの過程が存在する。振り返りやメタ認知は、状況の変化に対する新たなアイデンティティの模索を促し「新しいことを始めたい」「自身の経験や知識を生かしたい」という「始めようとした動機」として現れている

これらは、ふだんは意識されていないものが、ライフサイクルの変化の局面で意識化された結果とみることもできる。

メジロー［2012］は、パースペクティブ変容の局面として表1-5の過程をあげている。市民講師のインタビュー調査で得た過去の出来事やその後の行動変容の記録と、これらの過程を照らし合わせると、あてはまる面が多い。たとえば、企業を退職するという局面で、家族の絆の立て直しを迫られる状況は、それまでの自身のありようでは対処できないという混乱が生じている（表1-5の①～③）。目標を失っていたとするこの時期から、まったく新しいきっかけを得て新たな活動へと行動を変容させている過程は、メジローが示す変容の過程に当てはまる（④～⑨）。

このことから、市民講師への意識調査では、「始めようとした動機」として「自身の今後の展望を拓く」や「自分への投資」をあげている者が少なくない。これはモチベーション形成過程のなかで、パースペクティブ（見通し）の変容が生まれていると考えられる。

この事例はまた、コルブの経験学習理論の過程と対比させてみるとき、新たなモデルとして考えることもできる。これまでにない経験をするなかで、アイデンティと照らし合わせながら省察し、ふだんの生活や家族との関係をあらためて考え直し、そのなかから新しい行動に役立つ知識を得ている。これらの考察から、モチベーション形成過程は図1-15のモデルで表すことができる。このモチベーション形成モデルでは、各段階で自らのアイデンティティと照らし合わせる省察が、経験学習として重要な役割を果たしていると考えられる。同時に、経験学習サイクルの次の段階に進むことに、他者の役割も見逃すことはできない。調査した市民講師の記録にも、他者の存在が明示的・暗示的に表れている。パースペクティブの変容をともなうモチベーション形成は、市民の教授活動への参加を意味づけることに、重要な役割を果たしていると考えられる。

1.6　市民講師になることの意味

　これまで述べてきたことから、市民講師になることの意味を次のようにまとめることができる。

　第一に、市民にとって経験や学習の成果を生かす機会となっていることがあげられる。学習の場を市民講師自身が運営することで、参加する市民・学習者への貢献となり、自身も自己効力感を得ることができる。また、受講者から学ぶことが多いことも前述のように明らかとなっている。

　第二に、学習の場を開設するまでの過程における、多くの主体的な学びをあげることができる。市民講師の動機・モチベーション分析で明らかなったとおり、市民講師をめざすまでの背景に、市民講師が自らのアイデンティティを考え直す機会が存在すること、講師自身による社会との新たな関わり方の模索が促されること、これまでの経験や学習の成果を振り返る機会になること、教えるために学び直すこと、教え方を考えることで学び方を学ぶこと、ICT を活用した教材の開発など、さまざまな学びがみられる。

　第三に、学習の場の開設は、広く地域の他者との接点を得る「地域デビュー」といえる。それまでの仕事や生活のなかでのつながりを離れて、新たな社会的活動の意味が生まれる。

　第四に、学習の場の開設は、市民講師への参加を通して学び、地域や社会との新たな関係を見いだし、新たな自己を創造することへと発展できる可能性がある。

　市民講師を始める動機に関わっているライフサイクルの局面は、職業の選択や異動、成功や挫折、定年退職など、誰もが迎える局面でもある。それぞれの局面で新たな自己を創造する機会として、とらえてもよいのではなかろうか。

第2章

市民講師になる

この章では、市民講師としてデビューするための手立てを考える。「専門家ではない私には無理」という声も聞かれるが、テーマや開催方法を柔軟に考えると手立てがみえてくる。講座の企画、準備、開催、学び合いにおけるさまざまな考え方とアイデアを、実践している市民の声から学ぶ。

2.1 市民講師による講座の姿

市民が講師となって講座を開催するものでは、教育委員会や公民館等の機関から示されたテーマや対象者、学習の目標などに従って務めるものもあるが、ここでは、市民が自ら企画し開催するものについて考える。

市民講師は、教育を職とする専門家が開く講座と共通する面はあるが、自ら企画する市民講師ならでの面も多い。取り上げるテーマ、目標の置き方、開催のスタイルなど、市民講師による講座の考え方をあげてみたい。

(1) テーマ

それまでの経験や学んできたことをもとにテーマを考えることができる。学校教育で教える基礎的な学習テーマ、学術的な研究に裏打ちされた高等教育の

表 2-1　講座のスタイルの比較

教授型（タテ型）	コミュニティ型（ヨコ型）
教える側（講師）の知識を直接、または（教材を通じて）間接的に教授する	集まった参加者のなかで、経験やノウハウをお互いに引き出し合い、お互いに学ぶ
大学公開講座、市民や専門家などが開催 知識・技能の習得 教材開発のウェイトが高い 教材はパッケージ化されることが多い	参加者相互の関係性によって学習が深まる（ソーシャル・キャピタル、社会関係資本） 参加者の知識の顕在化 人のつながりによって学びの輪が広がる（ネットワーク）

テーマとは異なり、長年の職業で身につけた技術や技、ノウハウ、考え方、生活に密着した課題など幅広く考えることができる。自らの経験をもとにしたテーマは、具体的でわかりやすい。

　テーマについて深く教えることができるものでなくても、専門家を交えて参加者で学び合うテーマも考えられる。市民が開く講座では、テーマや開催方法、内容、定員、受講料も比較的自由であることが多いが、受講者が集まるかどうかには市場原理が作用する。また受講者の評価も含め、自己責任がともなう。

(2) 講座のスタイル

　開催のスタイルは、表 2-1 に示すように「教授型」(タテ型) と「コミュニティ型」(ヨコ型) に分けることができる。タテ型は、受講者が知識やスキルを習得することを目標とする場合に多く用いられ、教養系、実用系のテーマの場合に用いられる。講師と受講者の役割が決まっていることが特徴である。一方、横型は、講師と受講者、受講者どうしがテーマや情報、知識を持ち寄り、教えあい学び合うもので、課題解決型の講座に用いられることが多い。

　最初からいっしょに学び合うヨコ型で開催する場合や、最初は知っていることを提供するタテ型で始め、共通のテーマを見いだしてヨコ型に移行するという、柔軟な考え方もできる。

（3）インターネットの活用

　eラーニングなど、インターネットを活用した講座が一般的に行われるようになった。講座を開催する市民講師、受講者ともに、働きながら参加することを可能とする方法である。資料やコンテンツはインターネットを介して提供し、講師も受講者もインターネットを通して講座に参加する方法である。すべてをインターネットで行うのではなく、対面での学び合い、現地での体験などとの併用も効果的である。

　インターネットの活用は、もう一つの意味をもたらす可能性をもつ。生活の場を離れて集まって学ぶのとは違い、それぞれの生活の場からネットを通じて参加することで、目の前の課題に接しながら学び合うという現実性が高まる。同じ地域に住んでいながら、異なる問題意識をもつもの、違う地域で問題意識を共有し学び合うなど、横型の講座のスタイルにも展開しやすい。

2.2　実践の取り組み方

（1）企画

　市民が自ら企画することから、企画にあたっては基本的にテーマや内容、進め方は自由である。講座の企画にあたっては、開催したい講座をイメージする段階（表2-2）、開催方法を具体化する段階（表2-3）、開催企画書（表2-4）としてまとめる段階に分けて進めたい。これらはワークシートを活用して他者に相談するなど、練り直しができることが望ましい。それぞれについてヒントを示す。

（2）開催

　市民が企画した講座の開催は、生涯学習センターなどの機関の事業として受け入れている例が多い。具体的には、「県民教授制度」「ボランティア講師制度」などのかたちで、企画を募集し、一定の審査を経たものに開催の機会が与えられる。また、民間事業者や地域で運営する団体でも受け入れている。後述するインターネット市民塾は、インターネットを利用して、働き盛りからシニアまで幅広い市民が講師となって講座を開催するしくみであり、平成11年に実験運用を始めて以来、多くの市民講師が講座を開催している。

表2-2　講座検討ワークシートの項目

1	テーマを考えてみましょう あなたの経験・持ち味・得意分野を生かしたテーマ / 対象としている受講者・地域にニーズがあるテーマになっていますか？　講座の内容が伝わるテーマの付け方になっていますか？
2	対象とする受講者・参加者が明確か考えてみよう 対象とする受講者が明確に絞り込まれていますか？　テーマ、分野、ニーズに対して、どんな人に参加してほしいか、できるだけ明確に想定してみてください。 【ヒント】・絞り込む――少数でも共感できる仲間をしっかり集める ・絞り込まない――広くゆるやかな関係で学び合う
3	講座の進め方を考えてみよう 無理のないスケジュールを考える / 受講者とともに進める講座にする、など。 【ヒント】・知識を得る（講義）/ 体験して納得する（体験）/ いっしょに考える （ワークショップ）の組み合わせをどのようにするか ・ネット（時間の融通）とスクーリング（場を共有）の組み合わせをどのようにするか
4	教材や配布資料を考えてみよう わかりやすいテキストはどのように用意するか / 著作権への対応は大丈夫か / 教材だけですべてをわかってもらおうとしない。教材作成に過度な負担がないか 【ヒント】・掲示板でのやりとりのなかで学びを進める / スクーリングの前の事前準備としての教材 / みんなでつくる教材など、いろいろなかたちの教材が考えられます。

表2-3　講座設計ワークシートの項目

1	テーマとその背景
2	対象者とそのニーズ
3	自身の満足度目標
4	講座の進め方 開催パターン（ネット、スクーリング、講義、体験、ワークショップ等の組み合わせ方）
5	教材の用意（何をいつまでに）
6	掲示板の活用
7	開催体制 / 協力者
8	その他

表2-4　講座企画書の項目

1	講座タイトル
2	カテゴリー
3	開講予定日／閉校予定日
4	開催の動機（自分にとってどのようなことを期待するか）
5	講座紹介
6	講座の到達目標（どのような講座になれば満足か）
7	受講対象者（どのような人に対して講座を開くのか）
8	受講者の到達目標（最終的に受講者にはどのようになってほしいか）
9	講師氏名または団体名 / E-mail / TEL
10	講師プロフィール
11	スケジュール（インターネット公開日 / スクーリング開催日）
12	募集定員 / 募集期間 / 受講料 / スクーリング費用 / 受講上の注意　他

＊ワークシートや企画書の様式は巻末資料を参照。

　最初に相談があってから講座の開催が具体化するまでに、時間をかける例は少なくない。なかには 2 年近くたってから具体的な検討が始まった例もある。この間、「誰に、何を、何のために伝えるのか」という自問自答を行っていた例や、「自身の知識や経験は人に教えることができるものか」という疑問をもちつつも、「自分と違う価値観に触れることで新しい意義が見つかることもある」というアドバイスによって具体化に踏み切ったという者もいる。

　教育を職とする専門家と異なり、市民講師は講座の進め方に戸惑う例もみられる。実際に開催されたなかでは、さまざまな工夫を行いながら受講者と助け合っている例を多くみる。

　インターネット市民塾で実際に講座を開催した市民講師の意見を紹介する。

a) 開催に踏み切る

　・専門家にゲスト講師になってもらい、仲間で話を聞きながら学ぶというスタイルは開催の突破口になった

　・インターネットを通じて講座を運営できることは、仕事や生活の時間のなかで無理なく開催できる必須条件だった

b) 教え方の工夫

　・いろいろな立場の人に教えるので、それぞれの背景をイメージして伝えることを工夫した

　・経歴や体験したことを自己開示しながら教えることは難しいが、ほかの講師が参考になった

　・受講者のことを知ることで受講者の状況に合わせて話すことができた

　・会話での説明が下手なので、言いたいポイントをネットで資料として配信した

c) 話し方の工夫

　・わかりやすく伝えることを意識して回数を重ねることで、少しずつよくなった

　・伝え方が難しかったが、ほかの講座の講師の話し方を参考にした

　・相手の反応を見ながら質問しながら話すことで理解状況がわかり、補足説明もしやすかった

　・初めから答を押しつけるようにせず、相手からの答を促すようにした

d) 資料・教材づくりの工夫
　・受講者に合わせた資料づくりが必要で、理解しにくい用語は毎回説明をくり返すようにした
　・具体的なエピソードを入れることで、わかりやすい資料になった
　・毎月メールマガジンを配信して完結させることで、一つの成果になった
　・写真やビデオを用意して著作権に配慮した
　・資料は講座サイトよりダウンロードしてもらうことで、受講者のいろいろな状況に幅をもたせて説明することができた
e) 受講者とのコミュニケーションの工夫
　・対話型コミュニケーションの難しさを感じたが、一方通行ではなく、双方向での意思疎通に気をつけた
　・男女比や世代比に偏りがある場合の興味の方向や話題探しが難しかったが、いろいろ質問をして探った
　・メールをチェックしていない人もいるので、ネットだけに頼らず電話連絡を併用し、スクーリングのさいにも念頭において説明した
　・双方向のコミュニケーションづくりに気を配り掲示板やメールなどを活用した
　・ひとりよがりにならないように気をつけ、最初に自身の経験や失敗、欠点を話した
f) スクーリングの場づくりの工夫
　・最初に気持ちをつかむことに気を配り、アイスブレイクを毎回はさんだ
　・受講者どうしの教え合いをつくりたいが、意外と難しかった
　・少ない人数の場合は、公共施設では盛り上がらないので、思い切って自宅を開放してアットホームな雰囲気でスクーリングした
　・忙しくて参加できない人が毎回いるので、ネットでの教材で補足した
　・ホームワークを実施した
　・よい雰囲気をつくるために、初回の自己紹介の時間をたっぷりとった
g) 受講者とともに学ぶための工夫
　・講座を今後立ち上げて運営していく過程を、講師の日記を活用記録していくことで、次回に役立つと思った

- 講座は系統立てて進めるだけでなく、受講者の状況や考えを取り入れることも大事だと思った
- 「講座のもって行きかた・方法」をもっと勉強したいと思った
- たとえば学校の先生の授業を参考にしたいが、いろいろな経験をもつ人が受講者の場合、学校の生徒のようにできないと思った
- 最初に、「やる気をもたせる」ために、受講者に主導権をもってもらったのがよかった
- 市民塾では、いろいろな世代の受講者がいるので、各世代の方々の心をほぐしてあげることにとても気をつかった
- いまは、インターネットが発達しているので、事前調べ学習を各自にまかせ、それを持ち寄るかたちもよいと思っている
- 講義で知識が先に入りすぎると、感動を感じられないことに気づいた
- あくまでコーディネーターとして、学びの場、出会いの場を提供したい
- 「ゆるやかな縛り」がいいところと思った
- 受講者が講座で学んだことを実践して、自分では気づかなかったことを報告してくださった。行動すれば、そこに必ず学びがある！
- フォーマルにすべてレジュメどおりの学びを進めるより、インフォーマルに気づいていたら学んでいた！という状況をつくりたいと思ったが難しい
- 講師の意思、思いが受講者に伝わるように、講座案内の工夫が必要
- 講座はけっして系統的である必要はないが、学んだ軌跡は残さなければいけないと思った
- 異世代交流（若い人に何を伝えられるのか？）のためには、視覚的に訴えるとよいと思った
- その講座で、どう受講者が過ごしていくのか、過ごし方を見せてあげられれば、講座に入りやすいと思った

このように、市民講師は講座の開催中にさまざまな工夫を行っている。その工夫に至る過程に、小な問題に直面し、反省し、メンターからのアドバイスによって講座の見直しがある。また、講座の開催が自身の体験として、学びをもたらしていることもわかる。

2.3　教え合うコミュニティ形成のヒント

　市民講師による講座では、講師と受講者の関係をどのようにつくるかが重要
となる。とくに、教えて学び、自身や社会の課題に気づき、お互いに学び合う
ヨコ型のコミュニティの形成は、市民講師デビューの意味を大きく左右する。
この節では、市民による学習コミュニティ形成の実践研究を紹介し、実際に市
民講師が講座を開催するさいのヒントとする。

2.3.1　学びにおける人と人の関係性

　学習コミュニティに関する研究は多い。これらのなかでは、「学習は個々の
学習のみで生起するのではなく、学習共同体（コミュニティ）のなかで学習者間、
あるいは学習者と学習環境の相互作用を通して起きるダイナミックなプロセス
である」［Lave and Wenger 1991］という定義などがみられる。また、「学習はコミュ
ニティへの参加を通して知識を構成する行為」と位置づけられている。学習コ
ミュニティが固定的に形成されるのではなく、学習の共同体のなかの相互作用
によって生起する過程であるとするものである。
　この節では、この「相互作用」に着目して学習コミュニティの形成過程を
実証的に調べる。インターネット市民塾の上で開かれる学習コミュニティで
は、多様な経験をもつ市民が教え合い、学び合う場面を多くみる。しかしなが
ら、学習コミュニティが「ダイナミックな過程」であるとすると、静的な分析
手法では検証は難しい。動的な分析の試みとしては、たとえば、学習者の活動
を細かく調査し、その強弱を計量化する参与観察の方法などがある。だが、イ
ンフォーマルな学習プロセスを多く含み、またインターネット上にも展開して
市民の自発的な参加によって成り立っている学習コミュニティでは、参加者を
統制する研究は難しい。
　「相互作用」の研究の一つに社会的学習理論がある。社会的学習理論では、
現実の社会の人間関係のなかにおける相互作用に着目し、相互決定主義を打ち
出した［Bandura 1977］。この相互決定主義をもとに相互作用が教授者と学習者
の人間関係のなかで起こることに着目し、教授者と学習者が相互に制御し合う
相互制御理論が提唱されている［Haruki 1984］。相互制御理論では、制御する側

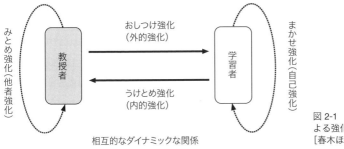

図 2-1　2 者モデルに
よる強化のモード
［春木ほか 2004］

とされる側との間で、相互的で動的に変わる関係を説明している。さらにお互いに制御されるだけでなく、それぞれのなかでセルフコントロールも生まれていると仮定している［春木ほか 2004: 104-108］。それまで学習者側のモデルが多く研究されていたなかで、教授者の変容にも着目した 2 者モデルを提唱している。2 者モデルは図 2-1 に示すとおり、四つの強化（学習）のモデルから成り立っている。四つの強化がどのように生起しているかを分析することにより、相互作用をとらえることができる［ibid.: 50-59］。

2.3.2　学習コミュニティ形成過程を知る

　教える側と学ぶ側の相互作用を説明する方法の一つに、相互制御理論をもとにした 2 者モデルが提唱されている［春木ほか 2004: 104-108］。2 者モデルは図 2-1 のように表されている。

　実際の講座のなかで、相互作用がどのように生起しているか（生起していないか）を、市民講師および受講者の言葉の記録から分析した。分析では、2 者モデルの四つの強化（学習）の生起を時系列で分析することとした。

　インターネット市民塾は、講座の進行にともなう講師や受講者の発言がインターネット上の教室に記録が残る。また、市民講師には、ティーチング・ポートフォリオの活用を推奨し、講座の進行中のプランや実施、実施後の評価を記録できるようにしている。これらの記録をもとに、講座の進行中に相互作用がどのように生じたか、時系列的に言葉を分析した。

【講座物語】－講座の足どり、広がり、共感、学び合いの記録－　　チェックシートを表示する

		受講・参加者名	年齢	性別
講座名		開講期間		
講師名		申込期間		

※講座の足どりを記録するシートです。
　最初に記入方法、記入例が表示されます。
　記入例を消去してご自身の講座について記録してください
※ご記入後、上部のボタン「チェックシートを表示する」を押してください。
　チェックシートが表示されますので講座全体を通じた振返りチェックを行ってみてください

（このボタンを押すと、講座全体を振返って評価するチェックシートに移動します　振返りの際に、講座の足取りを記録したこのシート「講座物語」が役立ちます）

	月	月	月	月	月	
講座の進行を記録する	・チェックシート記入 ・講座検討ワークシート記入 ・講座設計書記入	・講座開講企画書記入 ・講座申込み開始 ・第1回教材作成 ・●●さん受講 ・△▽さん受講	・講座開講 ・第1回教材公開 ・□□さん受講 ・メールマガジン発行	・第2回教材作成 ・△■さん受講 ・第2回教材公開 ・第1回スクーリング　○○さん、△●さん、□×さん参加	・第2回スクーリング　○○さん、△●さん、□×さん参加 ・メールマガジン発行	
受講者状況や、状況に応じて対応したことなどを記録する	・昨年の講座の振り返りから、講座のコンセプトを再度、固めなおす	・4月からの講座開講に向け、開講早々公開できるよう教材を作成した ・受講申し込みをされた方に、挨拶がいつから開講するかについてメッセージで案内した	・第1回教材では、この講座が目指すことやスケジュール、講師について詳細をお伝えした。 ・メールマガジンを発行し、情報提供やスクーリングの実施について案内した。	・教材では、スクーリングで見ておくべきポイントを解説した。 ・スクーリングでは、富山の旧城下町めぐりをし、今も残る当時の痕跡をたどった。 ・スクーリング後に掲示板にトピックを設置、旧城下町の痕跡について情報交換が盛んに行われた	・第2回スクーリングでは、十村制度から地域を治める工夫や武士と町民の関係について考えた ・武士と町民の関係について、掲示板で○○さんと文献を紹介してもらった ・2回スクーリングを行ったが、△▽さんと□□さんが参加していない。	
進行について感じたこと、気づいたこと、今後に向けて考えたことを記録する		・開講について期待していた旨のメッセージの返信があり、期待にこたえねばと励みになった ・受講申込みされた方には、挨拶メッセージを送ることにした。 ・受講生に積極的に参加してもらうためには、この講座について理解してもらうことが重要と考えた。	・複数の方からメールマガジンの感想と意見をいただき、内容も好評だということがわかり、やりがいを感じた ・スクーリング予定が教材で示されていたので、予定が立てやすく助かるとの意見をいただいた。多くの参加が期待できると思った。	・旧城下町めぐりでは、受講生の○○さんが地蔵について解説してくださり、学ぶことが多かった。受講生の活躍の場づくりのためにも、次回は○○さんに協力いただいて新しいスクーリングの企画を考えたい。	・森家や竹島家など江戸時代当時の建物を維持し続ける人たちの熱意や誇りを多くの参加者に感じてもらえたと思う ・△▽さんと□□さんがスクーリングに参加しておらずメッセージで近況を確認し、スケジュールが合わなかったと知り一安心。事前の受講生とのやり取りをしっかりしよう	

図 2-2　学習の進行の記録を集約するティーチング・ポートフォリオ「講座物語」

（1）対象とした講座

　2014 年度講座「富山の町歩き」

　講師：50 代会社員、市民講師経験 3 年目

　参加者 35 名；30 ～ 70 代、会社員、自営業、定年退職者など

（2）分析の対象とした記録

　・上記講座の開講から閉講までの市民講師および受講者の講座記録（ログ）
　テキストデータ

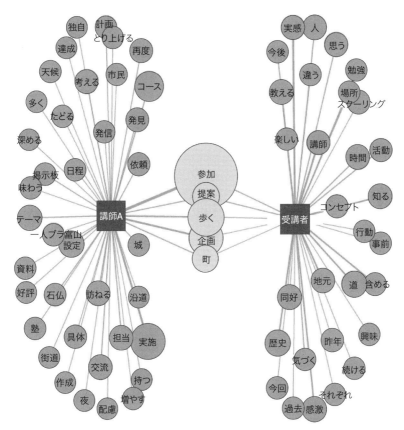

図 2-3　ティーチング・ポートフォリオの共起ネットワーク図
（抽出語＝ 4637）

・市民講師が記録する講座の進行記録票「講座物語」（図 2-2）

(3)　ティーチング・ポートフォリオの分析

　まず、市民講師と学習者が学習ページの講座進行掲示板に残した記録をテキ
スト分析し、市民講師と受講者の間で相互に関連し合っている言葉を解析した
（図 2-3）。市民講師と受講者の共起を媒介する言葉として、「参加」「提案」「歩
く」「企画」「町」が示された。また、受講者側に「教える」「講師」「コンセプ
ト」などの共起語がみられる。これは、市民講師の言葉や行動をなんらかのか

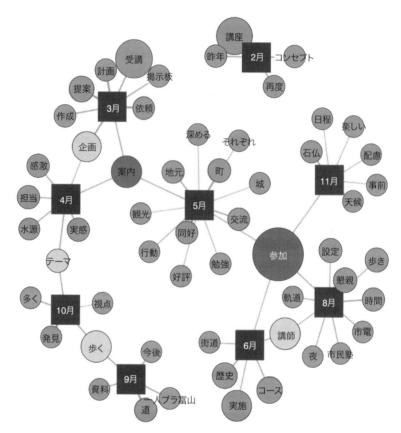

図 2-4　月のタグで分類した共起ネットワーク図
（抽出語＝ 4637）

たちで受けとめていることを示す。これらの言葉をもとに、その文脈を検証することで当てはまる強化モデルを分析できる。

　次に、同じテキストデータを時系列で整理して示したのが図 2-4 である。この市民講師は、ティーチング・ポートフォリオの PDCA サイクルの一環として前年度の講座を 1 月から 2 月にかけて振り返っている。その結果として、「昨年」「再度」「コンセプト」という言葉が 2 月に現れている。3 月には「企画」「計画」「提案」などの言葉が現れ、2 月に行った今年の講座のコンセプトを反映したものと推察できる。以降、「企画」や「案内」「参加」を媒介語として各月

表2-5 抽出された市民講師と受講者の発言のおもな文脈

	市民講師の発言の文脈	受講者の発言の文脈
2月	昨年の講座の振り返りから、講座のコンセプトを再度、固めなおす	
3月	他講座とは違う本講座の独自性を出したい。本講座のコンセプトは歩く、発見、交流であると掲示板で宣言	
	受講者の意思で企画、案内してもらえるようにしたい。	
	スクーリング計画作成	
	受講者に企画案内を分担してもらうため、受講者に掲示板などで計画の提案を依頼	
	5から6名ほどの受講者に具体的な企画の依頼。→具体的回答から日程や内容など調整し計画作成	
	掲示板で提案を依頼しても反応がない	
	即効策は思いつかないが、活動を続けて、個々に興味を深めてもらい、発信（企画案内）してもらえるようにしたい	
4月	気軽に参加してもらうことを考えると、提案を強制できない	
	受講者の意思で企画案内してもらえるようにしたい	
	具体的提案のあった、受講者に企画案内してもらう	
	富山の水源をたどる　実施	感激しました。素晴らしさを実感しました
5月	開催　交流できた（きっかけづくりになったと考える）	地元の知られざる旧跡を案内していただきました
6月		学校では歴史は嫌いでしたが、興味が沸いてきました
		講師に情報提供
7月		講師に提案
8月	今後の活動について提案講師に提案	講師に提案
9月		現在のルートと違っていることを教えてもらい、たいへん有意義な時間でした。
10月		懇親会で講師の方と親しく会話でき、参加する楽しみがより強くなりました
11月		講座のコンセプトに共感
		北麓の石仏を訪ねる

に講師と受講者の関係性を示す共起語が現れている。

　これらの共起語をキーワードにテキストデータのコンコーダンス検索を行い、それぞれが生起した文脈を表2-5のように抽出した。

　これらの文脈の時系列をまとめると、図2-5のような過程に表すことができる。つまり、3月に「受講者に計画の提案を依頼」したことが、4月になって

ようやく受講者から反応があり、講座の進行の一部を任せている。その結果、6月には受講者から自己強化を示す言葉が出されている。この文脈は「まかせ強化」に当てはまると考えることができる。同様に、6月から7月には受講者からの情報提供や提案があり、市民講師は受講者の行動の変化を確認する「うけとめ強化」と説明することができる。さらに受講者の独自行動が生まれ学習が一段と活性化している。その状況に市民講師自身が他者（受講者）から学び、「みとめ強化」（他者強化）を得ている。

　このケースでは四つの強化のモデルのうち、「まかせ強化」「うけとめ強化」「みとめ強化」による相互作用が時系列に生起し、市民講師と受講者がお互いに貢献し合う学習コミュニティが形成されたとみることができる（図2-6）。一方、このケースには「おしつけ強化」はみられない。3月から4月にかけて、受講者からの反応がないことを心配する状況があるが、もしこのときに「おしつけ強化」を行っていたとしたら、以降の相互作用の生起に影響を与えたと推察される［柵ほか2016］。

　さらに、6〜7月の「うけとめ強化」以降、市民講師と受講者の関係が逆転したようにもみえる。明らかに受講者が進行を主導している状況である。この状況は四つの強化のモデルには当てはまりにくいものの、期間の終盤で市民講師が新たな手法を発見したことに気づき、受講者に新たな学び方を提案している。また、その提案を受講者も期待していたかのような文脈もみられる。

　このように、お互いに期待し合い引き出し合う相互作用は、2者モデルでは一部説明できない部分もあるが、学習コミュニティの形成には重要な役割を果たしているといえる（図2-6）。少なくとも、市民講師と受講者の双方に内発的な変化が起こったことが推察される。

　このような状況を別の角度から考察してみたい。レイブ(J. Lave)とウェンガー(E. Wenger)［1991］は、正統的周辺参加論を提唱している。集団に初めて参加した者が、ある過程を経て中心的な役割に近づき、その過程で自身の役割とアイデンティティを形成するという考え方である。

　上記のインターネット市民塾の実践では、最初は反応や変化がみられなかった受講者が、4月に一つの動きをみせ、これに市民講師が「講座の進行を一部任せる」というこれまでと異なる行動をとっている。これにより6月ごろから、

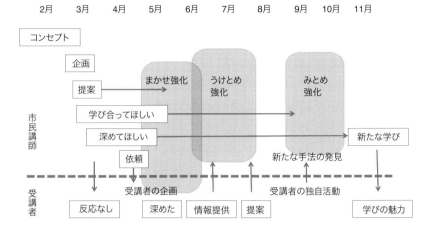

図 2-5　講座の進行と相互作用の生起（A）

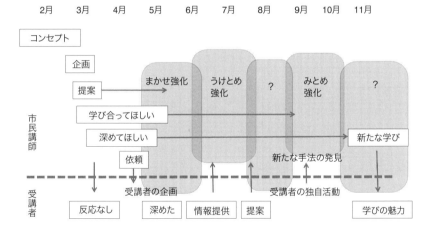

図 2-6　講座の進行と相互作用の生起（B）

それまで以上に受講者が市民講師とコミュニケーションをとるようになっている。このように最初は傍観者のようにみえた受講者が、徐々に中心的な役割を担うようになる変化は、この正統的周辺参加という考え方で説明がつく。結果として、1人の受講者がもつ機動性（資質）がこの講座の内容を高めるとともに、市民講師も新たな学習の手法を獲得した。その結果、市民講師と受講者が地域との関わりをもち寄りながらその成果を共有するという、実践コミュニティと

して機能し始めている。

このように、学習を共通の行動として集まった集団が、相互に影響し合い学習コミュニティ化し、さらに実践コミュニティ化する過程を説明することができる。つまり、相互制御理論によって内発的動機づけの存在を、正統的周辺参加論によって傍観者から主体者に変現し集団に生じた新たな力を確認することができる。

このような実践例から、実際の講座のなかで積極的に学習コミュニティの形成を図るさいのヒントが得られる。

2.4　活動のスパイラルアップのヒント

市民講師デビューは、ある意味で実験的な行動ということができる。そのチャレンジで得たことをどのように次に生かすか、考えることこそが重要である。

開催した講座について評価し、成果や課題を明らかにし、次の行動に生かすPDCA サイクルで市民講師の活動をとらえてみたい。

この節では、市民講師の講座開催を逐一記録し、この PDCA に役立てている実践を紹介し、そのヒントとする。

2.4.1　市民講師の自律的な活動に役立てるティーチング・ポートフォリオの活用

市民講師が開設する講座の企画、運営を通じてワークシートに記録し、PDCA サイクルによる講座の質の向上や、受講者とのコミュニティの形成、新たな活動への発展に役立てるものである。ワークシートの体系は、図 2-7 のとおりである（各ワークシートの様式は巻末の付録を参照）。

（1）チェックシートによる自己評価

まず、市民講師により前年度の講座の振り返りを行う（表 2-6）。

（2）講座検討ワークシートによる改善ポイントの整理と改善策の導き出し

チェックシートによる自己評価をふまえて、講座テーマや対象者、進め方など講座企画に必要なポイントについて具体的に考える。自分の講座のコンセプ

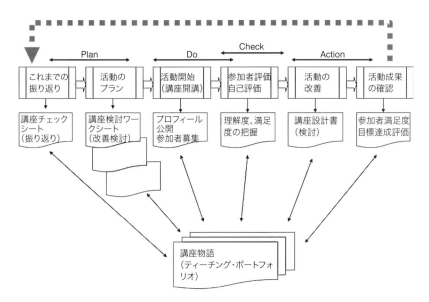

図 2-7　ティーチング・ポートフォリオ活用の流れ

トやターゲットについて改めて見直すきっかけにもなり、改善ポイントの整理
とその対策を導き出すことができる（表 2-7）。

（3）実際の講座運営を想定した改善点の反映

　講座運営を具体的にイメージし、検討した改善策をどのように反映するか検
討する。この作業により講座開催時には、改善後の講座の運営を具体的にイメー
ジし、開催期間を通じた振り返りのための資料とする（表 2-8）。

（4）ティーチング・ポートフォリオを反映した講座企画書の作成

　ティーチング・ポートフォリオによる改善のステップをふんで講座企画書を
作成することにより、これまでの企画書と比べてテーマやターゲット、達成目
標が明確になり、企画書としての完成度が増すことが期待される（表 2-9）。

（5）講座物語

　これまで講座開催の評価と改善は、講座の開催期間が終了したのちに翌年度

表 2-6　講座チェックシートの項目

1	講座の内容について、当初に考えていた内容通りにできましたか
2	講座の進め方はスケジュール通り進みましたか
3	受講者に満足してもらえる講座になりましたか
4	受講者から得た気づきはありましたか
5	受講者に与えたと思う影響、効果はありましたか
6	教え方、話し方、資料の作り方など新たに努力した点はありましたか
7	教え方、資料作成、受講者とのコミュニケーションなどで IT を生かすことができましたか
8	開講することによって、あなた自身が学んだことはありましたか
9	講座を開講することで、当初考えていたあなた自身の達成感は得られましたか
10	地域・社会に新たに関心を持ったこと、学びたいこと・新たな目標は生まれましたか
11	工夫・改善によって、さらに良い講座にできそうですか

表 2-7　講座検討ワークシートの項目

1	講座テーマを見直してみましょう あなたの経験・持ち味・得意分野を生かしたテーマ / 対象としている受講者・地域にニーズがあるテーマになっていますか？　講座の内容が伝わるテーマの付け方になっていますか？
2	対象とする受講者・参加者が明確か見直してみよう 対象とする受講者が明確に絞り込まれていますか？　テーマ、分野、ニーズに対して、どんな人に参加してほしいか、できるだけ明確に想定してみてください。 【ヒント】・絞り込む―少数でも共感できる仲間をしっかり集める 　　　　　・絞り込まない―広くゆるやかな関係で学び合う
3	講座の進め方を見直してみよう 無理のないスケジュールを立てていますか？ /受講者とともに進める講座になっていますか？ 【ヒント】・知識を得る（講義）/ 体験して納得する（体験）/ 一緒に考える 　　　　　　（ワークショップ）の組み合わせをどのようにするか 　　　　　・ネット（時間の融通）とスクーリング（場を共有）の組み合わせをどのようにするか
4	教材や配布資料の見直しをしてみよう わかりやすいテキストになっていますか？ / 著作権への対応は大丈夫ですか？ / 教材だけで全てをわかってもらおうとしていませんか？そのために教材作成に追われていませんか？ 【ヒント】・掲示板でのやりとりの中で学びを進める / スクーリングの前の事前準備としての教材 / みんなで作る教材等いろいろな形の教材が考えられます。
5	その他、チェックシートの「いいえ」について見直してみよう 講座の振り返りチェックシートで「いいえ」となった項目には改善すべき点があるかもしれません。

表 2-8　講座設計書の項目

1	テーマとその背景
2	対象者とそのニーズ
3	自身の満足度目標
4	講座の進め方 開催パターン（ネット、スクーリング、講義、体験、ワークショップ等の組み合わせ方）
5	教材の用意（何をいつまでに）
6	掲示板の活用
7	開催体制 / 協力者
8	その他

表 2-9　講座開講企画書の項目

1	講座タイトル
2	カテゴリー
3	開講予定日 / 閉校予定日
4	開催の動機（自分にとってどのようなことを期待するか）
5	講座紹介
6	講座の到達目標（どのような講座になれば満足か）
7	受講対象者（どのような人に対して講座を開くのか）
8	受講者の到達目標（最終的に受講者にはどのようになってほしいか）
9	講師氏名または団体名 / E-mail / TEL
10	講師プロフィール
11	スケジュール（インターネット公開日 / スクーリング開催日）
12	募集定員 / 募集期間 / 受講料 / スクーリング費用 / 受講上の注意　他

に向けて行ってきたが、ティーチング・ポートフォリオを開催期間中の改善に
役立てることも可能となる。そのため、講座の開講から閉講までの講座の進行
状況を記録する講座進行ポートフォリオ「講座物語」（図 2-2）を用意し、記載
を促している。

2.4.2　地域での新たな活動への展開

　講座の開催で得た気づき、学びを新たな活動に生かすための検討を行う。

（1）自身の振り返りと他者、地域・社会との新たな関係を考える

　自身のもっている知識、経験をもとに開催する場合と、そうでない場合が考
えられる。自身の知識、経験をもとにしようとする場合、まずは、これまでの
自身を振り返ってみたい。

　①これまでの自分について振り返り、仕事や生活で経験したこと、学んで
　　きたこと、身につけたことを箇条書きにし、関連する資料を集める。

　②自身の強み弱み、特異性を客観的に見つめ、書き出してみる。

　③生かしたい対象者にとって、どのようなメリットが生まれるか、検討し
　　てみる。

（2）ニーズに応えるための現実性を考える

　①（1）であげた「生かしたいこと」について、生かしたい人や場所につい
　　て調べる。どのようなニーズがあり、ニーズに応えるためにはどのような

表 2-10　ワークシート 1 : 活動発想シート

①概要（経験、実績、続けていること） ②自身の強み弱み、特徴のある経験、スキル、知識	③あなたが生かしたい対象の人にとってのメリット

表 2-11　ワークシート 2 : 活動具体化検討シート

① 対象者のニーズに応えるために必要なこと	② できること、できないこと、補う必要があること ③ できるようにするための取り組み（方法、期間）

　ことが求められるか、考えてみる。関連する施設に出かけて調べることも
　一つの方法である。
②生かしたい対象のニーズに応えるために必要なことと、自身の経験やス
　キルを照らし合わせ、できることとできないことを切り分ける。
③対象のニーズに応えるため経験やスキルなど、補う必要があることを考
　えてみる。補うために必要な取り組みと期間を考える。

表 2-12　ワークシート 3：活動企画書

① 活動の概要	② 取り組み（体制、方法、期間）
第 1 段階	
第 2 段階	
第 3 段階	

(3)　企画書としてまとめる

　①これまでの検討をもとに、活動を始めるためのプランをまとめる。

　②活動プランはいくつかの段階（すぐにできること、学習や経験を積んでそのあとに取り組みたいこと）に分けて取り組むことを想定する。

　③1 人では難しい活動は、仲間や専門家に参加を求めることも考える。

　ワークシート 1 ～ 3 （表 2-10 ～ 12）の実例は巻末の付録に用意しているので、活用してほしい。このような地域活動のプランづくりは、自治体の市民活動推進や生涯学習関係機関が相談に応じているところもある。関係の窓口に問い合わせてみるとよい。また、第 4 章に後述する「学習成果活用支援プログラム」の実践では、市民の地域活動のプランづくりを応援する相談会やワークショップが開かれている。これらの機会を積極的に活用したい。

第3章

市民の地域人材化を
育てるプラットフォーム

　知識と経験を生かした市民講師デビューは、それぞれのライフサイクルの局面で自らを振り返り、新たな視界を拓く創造的な行為であることを述べてきた。同時に、市民講師デビューを機に地域の課題に目を向け、その解決に取り組む地域人材の顕在化ももたらしている。

　本章では、このような市民の地域人材化が地域にとってどのような意味をもつのか、また市民の地域人材化を積極的に育てるためのプラットフォームについて考える。

3.1　地域・社会の課題と市民への要請

3.1.1　期待される市民参加

　経済構造の変化、国際化、少子高齢化のなかで、地方では産業の空洞化や雇用不安など、難しい地域課題が増加しつつある。経済産業省による 20 年後の予測[1]では、東京を除くすべての地域で人口が減少し、大都市圏を除く 35 の

1　人口減少下における地域経営について〈地域経済研究会報告書〉──2030 年の地域経済のシミュレーション（Part 1）、経済産業省ウェブサイト（2005）http://www.meti.go.jp/committee/materials/downloadfiles/g60203a09j.pdf

地方の総生産が縮小すると推計され、地域の厳しい状況は今後も続く。コミュニティの崩壊が進み、個人的な利益や組織の目標のみを追求する傾向が増す一方、自治体は地域の多様な政策ニーズにすべて応えるだけの財政力はない。

　世界的にみても人類の存亡を左右する諸問題が大きく取り上げられ、2030年を目標年とする持続可能な開発目標（略称 SDGs）が国連から示された[2]。気候変動対策や産業と技術革新の基盤づくりなど 17 の目標について、それぞれの国で目標に向けた取り組みが求められているが、いずれも多様なセクターや市民による全員参加が求められている。

　全員参加による地域社会の課題解決には、地域の内発的で持続的な力をいかにして引き出すかが重要となる。多様な知識や経験をもつ市民の参加によって、これまでとは違う発想で地域イノベーションを起こすことも求められる。テクノロジーの飛躍的な進展により、あらゆる情報の量、質、伝え方が大きく変わり、知識創造レベルに迫ろうとしている。たとえば、これまで行政機関が収集し統制していた気象、産業、サービスなどの地域情報は、情報の発生現場からのビッグデータとして地域に提供されるようになってきた。市民の多様な視点で分析され、問題や付加価値が見いだされ、地域イノベーションを起こすことに活用することが可能になった。すなわち、これまでのように行政機関が地域課題に関する情報を統制することから、多様な視点、実践的な視点をもつ市民がいかにこれらの情報を活用し、内発的で持続的な課題解決が生まれるかが重要となる。

　地域には豊かな知識や経験をもち、実践に裏打ちされた専門的な知識を有する市民が潜在している。社会課題の複雑化にともない多様な人材が求められているなかで、これらの市民が自発的に知識や経験を持ち寄り、地域課題の解決

2　SDGs（エスディージーズ：Sustainable Development Goals、持続可能な開発目標）は、世界が抱える問題を解決し、持続可能な社会をつくるために世界各国が合意した 17 の目標と 169 のターゲットをいう。2015 年 9 月、SDGs の前身である MDGs（ミレニアム開発目標）を継承し、国連で採択された。貧困問題をはじめ、気候変動や生物多様性、エネルギーなど、持続可能な社会をつくるために世界が一致して取り組むべきビジョンや課題が網羅されている。くわしくは下記のサイトを参照。
国際連合 SDGs 公式サイト https://www.un.org/sustainabledevelopment/
国際連合広報センター https://www.unic.or.jp/activities/economic_social_development/sustainable_development/2030agenda/
日本政府の SDGs の取り組み（外務省）https://www.mofa.go.jp/mofaj/gaiko/oda/sdgs/about/index.html

に参画することが期待される。

　高齢者にも、これらへの参画が期待されている[3]。高齢化にともなうさまざまな負の側面が語られがちであるが、長年培ってきた豊かな知識と経験が地域課題の解決に生かされることは、地域社会に大いに役立つとともに、高齢者自身にとっても新たな生きがいに結びつく。

　ところが現実にはさまざまな課題が存在する。高齢者をはじめ市民の知識や経験をどのように評価できるか、資格制度やキャリアの実績で評価できるものもあれば、長年の経験による洞察力や状況に応じた実践力は評価が難しい。学習成果活用支援プログラムの実践（第4章に詳述）によれば、自身の知識や経験をまとめ、自身で評価している人は年代を問わず少ない[4]。また、人によっては現役時代の慣習（役職や肩書による上下意識）を地域社会に持ち込むことによるトラブルもみられることから、地域での基本的なルールや円滑なコミュニケーションについて学ぶことも必要である[5]。

3.1.2　国における検討の状況

　このようななかで国も検討を進めてきた。1999年の文部省生涯学習審議会では、学習成果を個人のキャリアや地域社会の発展に生かすためのシステムの必要性が提言された［文部省1999］。そのなかでは個人の学習成果や経験を記録し、他者に理解してもらうツールとして、生涯学習パスポート（生涯学習記録票）が提案され、その活用についても期待された。また、その社会的通用性をもたせる方策として、都道府県や市町村などが参加する学習成果の認証ネットワークをつくり、その拠点としてナショナルセンター機能を整備し、生涯学習単位などの換算基準などを通用させることなどが提言されている。

　その後、2008年の文部科学省中央教育審議会で初めて「生涯学習プラットフォーム」という名称が使われ、学習機会の提供とその成果を生かす相談体制

3　内閣府「平成26年版高齢社会白書」pp.2-4
4　地域eパスポート研究協議会が2013年（平成25年）12月に「出番づくり説明会」参加者26名を対象に実施した「学んできたことや経験を生かした活動に関する現状調査」では、SNSやブログなどに経験や実績をわかりやすくまとめている者は約50％いるが、そのほかは何も用意していないとの回答であった。
5　超高齢社会における生涯学習の在り方に関する検討会「長寿社会における生涯学習のあり方について」p.11

の充実などが提言された［文部科学省 2008］。その後も新たな枠組みとしての必要性や機能について議論がなされ、その積み重ねとして 2016 年の中央教育審議会答申では、情報通信技術（ICT）を活用した生涯学習プラットフォームの役割と機能が示され、構築に向けて検討することが提言された。その役割として、次の三つがあげられている［文部科学省 2016］。

- ・多様な学習機会の提供

    さまざまな学習機会をインターネット上で一覧として提供することを可能とするもの。地域の課題や地域活動などに関する情報、人材認証制度や教育コンテンツの流通を促進する支援機関向けの情報などを検討することとしている。また、大学や地方公共団体、民間教育事業者などが提供する学習プログラムの体系が再構築されて、学習者の多様な学習機会につながることも期待されている。

- ・学習・活動履歴の記録・証明機能

    学習者の希望に応じて提供するもので、ICT を活用して学習機会提供者や検定試験実施団体の協力を得て記録の信頼性の確保を図るとしている。

- ・学習者などのネットワーク化機能

    学習・活動履歴をもとに、地域の活動者や学習・ボランティアサークルとのつながりを支援する SNS を構築し、学習コミュニティの形成や活動団体の育成、地域で人材を求めている地方公共団体などとのマッチングを図るとしている。

これらによって、次のような効果が期待されている。

- ・生涯学習支援に関わる機関の機能向上

    生涯学習プラットフォームに参加する関係機関のネットワーク化と情報共有により、学習相談機能の向上や新たな学習機会の創出が期待される。

- ・学習・活動履歴の記録・証明の信頼性向上

    信頼性のある証明をもとに、インターネットを通じて広く学習・活動の成果を示すことが期待される。

- ・学習成果を生かした活動機会の充実

    学習・活動暦の可視化・体系化や、地域が求める人材像の可視化によって、学習・活動の成果を生かすことへのマッチッグが可能となることが期待さ

郵便はがき

101-8796

537

【 受 取 人 】

東京都千代田区外神田6-9-5

株式会社 明石書店 読者通信係 行

‖‖‖‖‖‖‖‖‖‖‖‖‖‖‖‖‖‖‖‖‖‖‖‖‖‖‖‖‖‖

お買い上げ、ありがとうございました。
今後の出版物の参考といたしたく、ご記入、ご投函いただければ幸いに存じます。

ふりがな			年齢	性別
名前				
住所 〒　　-				
TEL　　　（　　　）		FAX　　（　　　）		
メールアドレス			ご職業（または学校名）	

＊図書目録のご希望	＊ジャンル別などのご案内（不定期）のご希望	
□ある	□ある：ジャンル（	）
□ない	□ない	

書籍のタイトル

◆本書を何でお知りになりましたか？
　　□新聞・雑誌の広告…掲載紙誌名[
　　□書評・紹介記事……掲載紙誌名[
　　□店頭で　　　□知人のすすめ　　　□弊社からの案内　　　□弊社ホームページ
　　□ネット書店 [　　　　　　　　　　　　　　] □その他[

◆本書についてのご意見・ご感想
　　■定　　　価　　　□安い（満足）　　　□ほどほど　　　□高い（不満）
　　■カバーデザイン　□良い　　　　　　　□ふつう　　　　□悪い・ふさわしくない
　　■内　　　容　　　□良い　　　　　　　□ふつう　　　　□期待はずれ
　　■その他お気づきの点、ご質問、ご感想など、ご自由にお書き下さい。

◆本書をお買い上げの書店
　　[　　　　　　　　　　市・区・町・村　　　　　　　　書店　　　　　　店]

◆今後どのような書籍をお望みですか？
　　今関心をお持ちのテーマ・人・ジャンル、また翻訳希望の本など、何でもお書き下さい。

◆ご購読紙　(1)朝日　(2)読売　(3)毎日　(4)日経　(5)その他[　　　　　　新聞]

◆定期ご購読の雑誌 [　　　　　　　　　　　　　　　　　　　　　　　　　　]

ご協力ありがとうございました。
ご意見などを弊社ホームページなどでご紹介させていただくことがあります。　□諾　□否

◆ご 注 文 書◆　このハガキで弊社刊行物をご注文いただけます。
　　□ご指定の書店でお受取り……下欄に書店名と所在地域、わかれば電話番号をご記入下さい。
　　□代金引換郵便にてお受取り…送料＋手数料として300円かかります（表記ご住所宛のみ）。

書名		
書名		

ご指定の書店・支店名	書店の所在地域
	都・道　　　市・区
	府・県　　　町・村
	書店の電話番号　　（　　　）

れている。

　このように、生涯学習の振興に関する施策のなかで学習成果の活用について
の議論は早くから行われていた。1999 年には現在の e ポートフォリオに通じ
る生涯学習パスポートの普及が提案されていた。にもかかわらず、普及に向け
た具体的な動きが広がっていない。生涯学習を振興する社会的な状況の変化が
背景にあるが、ここでは次の 2 点についてまとめておきたい。

　第一に、学習の支援に力を入れてきた関係機関では、その出口を支援するこ
とに積極的でなかったことがあげられる。アンケート調査[6]によると、地域の
公民館などでは、職員の減少や多忙により学習成果を生かす支援の余裕がない
としている。このためか、地域人材の受け入れや活躍の場づくりには積極的で
なく、地域人材の把握や学習成果活用を支援するためのノウハウも十分でない
としている。

　第二に、学習成果の評価が社会的な通用性をもつための国レベルでのフレー
ムワークが整っていなかったことがあげられる。EU では資格や実績を域内の
共通的な評価基準として定めた EQF（Europian Qualification Framework）が整備さ
れ、また域内の人材活用の活性化を図る社会的なニーズをもとに、ユーロパス
（Europass）による証明制度が確立している。日本でも日本版 EQF の検討を進め
ているが、生涯学習パスポートに社会的通用性をもたせるための検討には結び
ついていない。また、評価基準や到達基準を明確に定めることができないイン
フォーマルな学習の成果をどのように評価するか、研究に取り組みにくいこと
も理由にあげられる。

　また、国の「まち・ひと・しごと総合戦略」では、従来の政策の課題を提示
しており、その一つに「行政・制度ごとの縦割り構造」をあげている[7]。全員
参加型の地域課題解決に取り組むためには重要な課題である。ネットワーク型
をめざす社会教育行政にとっても、この課題に踏み込んでいるかは重要との指
摘がある［清國 2015］。

6　地域 e パスポート研究協議会「学習成果を生かして地域活動を行う人材の支援に関する調査
　　（平成 25 年 12 月調査）にて実施した。富山県内の公民館や青少年教育施設など、384 機関を
　　対象に調査し、126 機関から回答を得た。
7　まち・ひと・しごと創生本部「まち・ひと・しごと創生総合戦略（概要）」p.1

3.1.3 個の視点

　市民自身の状況や意識は多様である。就業状況や年代、経済的状況、生活状況などにより、学習成果や知識・経験の活用に対する意識やモチベーションは異なる。10年先の定年退職を意識して、その後の新たなキャリア形成を考える者もいれば、定年退職間際になって初めてその後の日々の過ごし方を考える者もいる。先に例示した市民講師にも同様に多様な意識がある。また、定年退職後も働くことに急き立てられ、行政や制度にはめ込まれること自体に抵抗を感じる人もいる。

　このように、市民の知識や経験の活用という社会的欲求と個の状況には、異なる視座、異なる視点が必要である。世界や国の動き、制度やシステム論で人材活用が語られることが多いが、ひとりひとりの置かれたライフサイクルと状況という視座、自らの知識や経験を自発的に生かしていく市民の視点で考えていくことも重要ではないだろうか。

3.2　実践コミュニティを育てる

　あるテーマに関する問題を共有し、解決への参画をとおしてその分野の知識や技能を相互に深めていく人々の集団を、実践コミュニティ（communities of practice）という［Wenger 1998、ウェンガーほか 2002］。実践コミュニティは、社会的な活動に参与することをとおして知識や技能が学ばれる状況的学習［Lave and Wenger 1991］の研究の文脈から生まれた言葉で、共同体に参加することで自身の経験を生かす役割が見いだされ、自身も成長するというものである。前述のように、地域の課題の解決に市民がどのように関わるか考えるとき、この実践コミュニティが一つの方法と考えられる。

　そこで、このような地域の実践コミュニティがどのように形成されるのか、その可能性を考えてみたい。

　民間企業では、従業員の意欲や積極性をいかに引き出すかは重要なテーマである。変化の激しい時代にあって、新たなビジネス・ソリューションの開発や経営のイノベーションが求められている。どのような企業もトップマネジメントのみでは限界があることから、社員の自立したイノベーション活動に期待す

るところが大きい。このため、企業ではひとりひとりの資質向上をはかる社員教育のほかに、ナレッジシェアリングを構築し社員の力を引き出し共有する工夫が行われている。

　実践コミュニティは、企業組織などの新しいマネジメント手法として、学習研究所 (Institute for Reseach on Learning: IRL) のウェンガーたちが 1991 年に提唱した。1990 年代後半以降ナレッジマネジメントが注目を集めるようになり、改めてビジネス界で注目されているアプローチである。

　ウェンガーたち［2002］は実践コミュニティを

　　　共通の専門スキルやある事業へのコミットメント（熱意や献身）によって、非公式に結びついた人々の集まりである

というように定義している。また、その形成の条件として

　①人々が実践をともにする集まりである
　②参加は自発的であり、他者から指名されるものではない
　③共通の関心事である「知識」によって定義され、業務ではない
　④参加者は相互学習により知識を深め、成長をともなう

をあげている。一般的なプロジェクト型の組織マネジメントでは、参加は指名された者で構成され、その成果はアウトプットで評価されるのに比べ、実践コミュニティでは、組織を越えた幅広い参加を可能とし、その入口（インプット）の幅広さが重視される。多彩な参加者によって、知識交流と問題解決が活発に行われ、組織全体が知的に活性化している状況を生もうとするものである。

　実践コミュニティの導入例として、バックマンラボラトリーズ社の知識移転ネットワーク K'Netix（Buckman Knowledge Network）がある［Works 2003］。米国の特殊化学品メーカーで、世界 100 か国に 1300 人の社員を配置している。社員は世界中のどこにいてもネットワークでつながっていて、この K'Netix に問題解決を求める情報を送ると、ほぼ 24 時間以内にそれぞれの専門的な立場から、解決策に役立つ情報が集まるのだという。誰かに指示されて情報を届けるので

はなく、K'Netix に参加し貢献することで自身も成長できることがモチベーションになっている。実践コミュニティとして機能するかどうかは、時間と距離を越えてお互いが気軽に知識を交換する文化をつくることが重要だとし、経営者がこのネットワークを管理するような運用は間違いだとしている。経営者にとって企業の力は、製品開発のスピードや顧客サービスの質を左右する、このような自発的な知識交換の量とスピードだ、という考え方をとっているからである。

　このような民間企業における実践コミュニティの考え方を、地域の問題解決に当てはめて考えてみたい。前述のように地域には多様な経験と知識を持つ市民、すなわち地域人材が潜在する。これらの地域人材が、それぞれの経験と知識を持ち寄り、組織や立場を超えて地域の問題解決に貢献し合う実践コミュニティの形成が期待される。

　前述にある実践コミュニティ形成の条件を地域版の実践コミュニティに当てはめると、「多様な経験と知識をもつ市民が自発的に参加し、非公式に結びついた人々の集まり」であり、「相互に学び合い、知識を深め、成長をともなう」という形成の姿を描くことができる。さらに、このような実践コミュニティのあり方として、「決められたテーマのために集まるだけでなく」「市民がそれぞれの経験や知識を持ち寄り」「市民による学び合いが生まれ」「集まった市民によって解決すべき課題が見いだされる」という姿である。まさに、学び、考え、成長する地域づくりに寄与する実践コミュニティである。

3.3　プラットフォームの役割と機能

　このように、市民が自発的に地域の課題を見いだし解決に参加するような実践コミュニティを想定するとき、実践コミュニティが形成されやすい環境をどのようにつくるかが、地域づくりにとってきわめて重要なテーマといえる。筆者はこの環境を「プラットフォーム」としてとらえたい。「プラットフォーム」という言葉は幅広く用いられている。たとえばプラットフォーム設計の領域では、「多様な主体が協働するさいに、協働を促進するコミュニケーションの基盤となる道具やしくみ」と定義している［國領 2011: 19-21］。本書でもこの考え

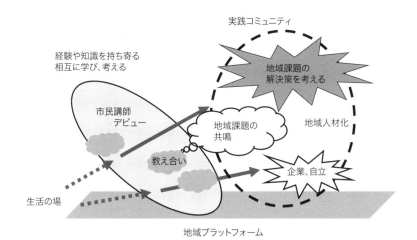

図 3-1　市民の自発的な参加が促されるプラットフォームのイメージ

方をもとに、「多様な市民が知識と経験を持ち寄り、学習コミュニティや実践
コミュニティとして協働する基盤としくみ」[8]とし、その役割と機能を考える。

3.3.1　プラットフォームの位置づけ

　市民が多様な知識と経験を持ち寄る行動として、市民講師デビューはきわめ
て具体的な方法の一つである。前述のように、市民講師としてのデビューは自
身の知識や経験を地域に生かす地域デビューである。他者との新たな接点をも
ち、相互に学び、地域の課題に共鳴し、その解決に自身がどのように役立つか
考え、実践コミュニティを形成する機会となる。その過程で自身の知識や経験
の再評価と再構築がなされ、意識と行動が変容する。このように、身近な場、
それぞれができることを持ち寄って地域課題の解決に参画するプラットフォー
ムは、図 3-1 に示すイメージとなる。また、地域社会の要請と市民の架け橋と
して、図 3-2 のように位置づけることができる。

　8　「プラットフォーム」の定義については、日本生涯教育学会生涯教育 e 事典（ejiten.javea.
　　or.jp）の「生涯学習プラットフォーム」の項目も参考にされたい。

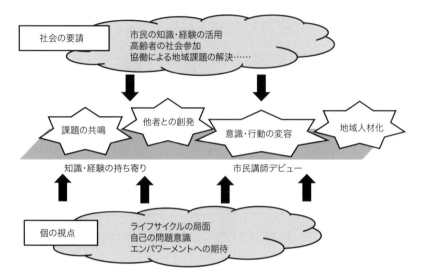

図 3-2　社会の要請と市民の架け橋としてのプラットフォームのイメージ

3.3.2　ラーニング・シティ

　多様な知識や経験をもつ市民が教え学び合い、地域づくりに叡智を出し合う地域づくりをコンセプトしたプラットフォームを「ラーニング・シティ」としてとらえたい［Longworth 2006、柵 2011］。「ラーニング・シティ」という言葉は1990 年ごろから OECD（経済協力開発機構）や EU の学習都市事業などで用いられてきた。これらの事業を通して「学びのまちづくり」が世界に広がった［澤野 2015］。ユネスコが 2012 年から始めているグローバル学習都市ネットワーク事業（Global Network of Learning Cities；以下ユネスコ GNLC）では、「すべての市民が学びその能力や知識が社会に生かされることで、都市が持続的な学習都市に変革していく」ことをさしている[9]。ユネスコ GNLC には 53 か国、170 都市が加盟（2019 年 10 月現在）しており、それぞれの取り組みを学び合うものとして

　9　ユネスコ生涯学習研究所（UIL）は、世界の経済や社会に都市が大きな影響を及ぼしていることを受け、都市が抱えるさまざまな課題の解決には、すべての市民が生涯を通じて積極的に学び、その能力や知識を社会に生かしていく生涯学習が重要だと指摘した。そして世界中の都市が「持続可能な学習都市」（Sustainable Learning Cities）へ戦略的に変革していくことの重要性を提唱している。
　そこで UIL が中心となり、学習都市の国際的なプラットフォームとして、「学習都市に関するグローバルネットワーク」（GNLC）の構築に取り組んでいる。GNLC では、ユネスコ加盟国から参加都市を募集し、知識・経験を交換できる場を設け、加盟都市間の交流に努める

いる。学習都市構築の 12 のキー・フィーチャー[10]には、

- 個人のエンパワーメントと社会の団結
- 経済的、文化的な開発の創造
- 持続可能な開発の創造

などがあげられている。また、キー・フィーチャーに対して 42 の指標 *8 が示されており、そのなかの「学習都市構築の基本的条件」には、

- 学習都市構築のために自らのユニークな取り組みで貢献するすべての関係者の奨励
- 自らの能力や技術、知識、経験をもって貢献しようとする市民や住民の奨励

があげられている。

　図 3-1 に示した市民講師デビューは、「個人のエンパワーメント」の一つとしてとらえることができ、地域課題の共鳴や解決策を考える実践コミュニティの形成は、「地域の団結」の一つとしてとらえることができる。また、「自らの能力や技術、知識、経験」や「ユニークな取り組み」で貢献するのも、市民講師や市民による地域課題解決の活動として当てはまる。

　このように、自発的な市民講師デビューと地域人材化を育てる「ラーニング・シティ」は、ユネスコ GNLC が示す学習都市を構築するためのプラットフォームとしても位置づけることができる。

　また、ユネスコ GNLC が示す学習都市のキー・フィーチャーは、国連のSDGs の 17 の目標のなかの「教育」（SDG-4）や「住み続けられる地域づくり」

 こととしている。また、学習都市として顕著な進展があった都市に「ユネスコ学習都市賞」が授与される（文部科学省サイトより）。
　日本では、岡山県岡山市と佐賀県多久市が登録されている（2018 年 9 月現在）。岡山市では、2005 年から取り組んでいる ESD（Education for Sustainable Development、持続可能な開発のための教育）を生かして、ユネスコ GNLC 学習都市が示す 42 指標と関連させて取り組んでいる。環境や国際理解、持続可能な消費と生産、子育て、まちづくりなどのさまざまな分野を対象に、公民館や学校での学びが展開されている［内藤、小西 2018］。2017 年にはこれらが評価され、「ユネスコ学習都市賞」を受賞している。
　文部科学省関連ページ https://www.mext.go.jp/a_menu/ikusei/gnlc/1367840.htm
　ユネスコ GNLC 公式サイト http://uil.unesco.org/lifelong-learning/learning-cities
10　ユネスコ GNLC 学習都市学習都市特徴項目リスト（「Key Features of Learning Cities」List of key features and measurement）については文部科学省サイト（https://www.mext.go.jp/a_menu/ikusei/gnlc/__icsFiles/afieldfile/2017/02/01/1368284_1.pdf）に掲載されているものを参照した。巻末付録の資料 10 を参照。

（SDG-11）に対応していることから、SDGs 推進の一貫として、さまざまな地域で「ラーニング・シティ」のためのプラットフォームの構築をめざすことが考えられる。

3.3.3　プラットフォームの仮説モデル

　これまで述べてきた、市民講師デビューがもたらすさまざまな効果をふまえ、仮説モデルを考える。

　第一に、仕事や生活の場からいつでも参加することができるよう、インターネットの活用が考えられる。

　第二に、市民が知識や経験を持ち寄って、自由なテーマで学習コミュニティを開設できる枠組みを用意し開放することが考えられる。自身の知識や経験が他者に役立つというモチベーションを生み、自身の経験を意味づける機会とするねらいがある。また他者の違う価値観や地域の課題にふれ、自身も学ぶ機会となるものである。

　第三に、誰かに管理されるものではないという安心感が得られることが重要である。学習コミュニティのテーマの設定や運営は、市民が主体的に行うことが望まれる。企業の組織ではトップダウンで管理されていても、学習コミュニティはそのような縛りにとらわれないことが重要となる。

　第四に、自身を含め参加者のなかにどのような知識や経験をもつ市民がいるか、人材として見える化することが考えられる。学習コミュニティに集まる市民と学び合い、交流するなかで共通のテーマが見いだされ、その解決に組織を越えて貢献する自身の役割がみえてくる。そのさい、多様な人材と接点をもつことで、学習コミュニティは地域の実践コミュニティへと発展できる。

　このような枠組みの仮説を通して考えたとき、市民・学習者と実社会を学びでつなぐ存在として、プラットフォームを図 3-3 のように考えることができる。

3.3.4　プラットフォームの機能

　知識や経験を持ち寄る市民講師デビューや地域人材化の実践コミュニティが形成されやすいプラットフォームには、どのような機能が求められるか考える。プラットフォームの機能を三つの視点、すなわち（1）市民参加者の視点、（2）

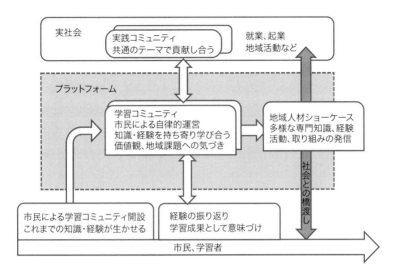

図3-3　プラットォームの仮説モデル

支援体制としくみの視点、（3）プラットフォームの枠組みの視点のそれぞれから考える。

（1）市民の視点

i）参加の誘引

　インターネット市民塾の場合、インターネットを通じていつでも、仕事や生活の場からでも参加できることは、プラットフォームの利用を容易にする要素の一つであるが、市民が参加するもっとも大きな理由は「市民講師」という参加・活動のスタイルにある。その枠組みにどのような誘引の機能があるかまとめると次のとおりである。

　第１に、参加・活動スタイルが明快であることがあげられる。参加後の活動の姿、その道筋がみえることは、参加の不安の一つを解消する重要な要素である。

　第２に、自身が主体的に活動できる場である。テーマ、内容、方法などを自身で企画し、他者・地域との新たな関係を主体的につくることができる場として、参加を誘引している。

　第３に、市民が教える立場になることができることが要件となっている。教

83

育者、専門家でない市民にとっては、敷居が低いことが参加の要因となっている。

第4に、「自分にもできることがあるのではないか？」という自らの経験や置かれている状況と照らし合わせて、内発的動機づけが生まれていることが要因といえる。

第5に、自らの学習成果を生かす機会としての参加である。参加し市民講師として活動することは、地域デビューともいえる。

ii）市民の主体的な活用の鍵となるコミュニティ開設の枠組み

市民講師という参加のかたちは、市民の主体的な活用の鍵となっている。その効果は前述のように、市民の多様な学習・活動の成果を生かす場であり、学習コミュニティの形成、新たな活動へと発展する母体となるものである。

市民による学習コミュニティ開設は、教育的機能からみると学校教育の総合的学習と類似する。学習者が自らテーマを見いだし、活動のプロセスでさまざまな学びを得ていく。学習の課題が与えられ、あらかじめ決められた目標と達成度に対して評価される管理型の学習とはまったく異なるものである。

市民の主体的な学習の場が必ずしも成立するとは限らない。多くは講師の経験が初めてであり、集まる学習者（市民）も多様である。このため、市民講師をめざす市民へのメンタリングなどの後方支援は重要である（第4章の実践例で詳述する）。あくまでも市民講師の主体的な行動を前提としながら、プロセスを支援するワークシートや自律的な PDCA サイクルを回すティーチング・ポートフォリオの提供は実践でも効果が得られている。

iii）インフォーマルな学習を組織的に支援する意義

仕事や生活のなかではさまざまなインフォーマルな学習が行われていることは述べているとおりである。今日、ソーシャルネットワークサービス(SNS)など、インターネットによるコミュニケーションが普及し、そのなかでさまざまな知識に出会い、人との相互作用が生まれ、仕事や生活の場からの参加によってインフォーマルな学習も生まれていることは容易に想像できる。しかし、一部の学習サービスや SNS を除き、利用者が自らの記録を再利用することができない。つまりサービス提供者の管理の範囲に活用が閉ざされている。

本書で紹介している実践例には、市民の「内発的動機」によって生まれるインフォーマルな学習が多くみられる。インターネット市民塾のなかに形成され

ていく学習コミュニティは、仕事や生活の場から参加するインフォーマルな学習の「見える化」と「継続性」をもたらしたといえる。しかも、インターネット市民塾が地域の産学官によって運営されていることで、市民や学習者には見守られているという「安心感」をもたらしている。むろん、社会全体のごく一部の活用にすぎないが、このことは SNS が世界的に活用されているなかにあっても、インフォーマルな学習が集まるプラットフォームとして、役割と存在意義を示したことになるのではないだろうか。

iv）実践コミュニティ

　インターネット市民塾にみられるコミュニティは、前述のように、学習コミュニティと実践コミュニティの両面の要素をもっている。実践コミュニティを、ウェンガーら［2002］の定義に照らし合わせて考えることにする。

・人々が実践をともにする集まりである

　講師、受講者という固定的な関係だけでなく、学習コミュニティとしてお互いに学び活動を進めるグループとしての集まりである。

　インターネットを通じて仕事や身近な生活の場から参加することは、生活・地域の課題に密着した学びが生じやすいことであり、学びを通じてさまざまなテーマや課題の解決に向けた活動に結びつきやすい状況を生んでいる。

　あくまでも自発的な参加が基本であり、所属する組織や他者から参加や役割を割り当てられるものではない。実践例で示したインターネット市民塾では、大学の講師、企業の専門家、学校関係者など、産学官の組織に所属しながら、市民の立場で参加するものも多い。

・共通の関心事である「知識」によって定義され、業務ではない

　テーマに関心をもつもののみが集まり、指示されたミッションをめざすものではない。用意された学びの場ではなく、自らつくり活動する学びの場としてテーマごとにコミュニティが生まれている。それぞれのコミュニティは、参加人数が多いことが評価ではなく、テーマに関心をもつ幅広い世代と多様な観点で教え合い、学び合うことが大切にされている。

・参加者は相互学習により知識を深め、成長をともなう

　教えることが学習になり、参加者の間で学び合い高め合っている。講師

だけでなくひとりひとりがテーマに関する知識を発信する立場に立つことで、知識のひき出し合い、知識の足し算（プラス・サム）がみられる。

　このように、インターネット市民塾では、市民がそれぞれの生活の実践の場から参加することが、さまざまな考えや課題に気づく相互作用を誘発するとともに、参加者に役立つ自身の経験や学習成果を提供するという新たな役割を見いだしている。多様な経験をもつ市民が集まるからこそ生まれる実践コミュニティといえる。

　ここまで述べてきたように、プラットフォームに多くの市民が自発的に参加し、学習コミュニティや実践コミュニティが形成されるには、市民の個の視点で機能を説明できることが重要である。

(2) 人的支援の視点

i) 市民・学習者の活動支援

　活動を始めたいとする市民の受け入れ、学習コミュニティ形成のための支援、ショーケースの記載支援など、インターネット市民塾の実践の全体にわたってeメンターなどの支援人材の関わりがある。たとえば、漠然とした動機、いまだ明確でない目標をもつ市民のアクセスに応えるには、人的支援は不可欠である。その詳細については第4章に述べているところであるが、市民からみて、学習や活動を始めることに一歩踏み出すための「足場がけ」（スキャフォールディング）にもなっており、その役割は大きい。

ii) 支援人材の活動のためのプラットフォーム

　インターネット市民塾では、eメンターの活動のためのプラットフォームとして活用されている。具体的には、市民講師がメンターとして登録するしくみがあり、メンターとしての支援活動のコミュニケーションシステムとして機能することで、支援活動を用意としている。また、eポートフォリオは、市民・学習者の支援を行うための情報源として重要な役割を果たしている。人的支援の視点については、第4章の実践例で紹介するeメンター活動に具体的な役割を詳述している。

（3）プラットフォームの枠組みの視点

i）eポートフォリオとショーケース

　eポートフォリオはひとりひとりの経験や学びを継続的に記録し、振り返りとこれからの自身を考えることにたいへん有効な道具である。しかし、市民のなかで継続的に活用されている例はきわめて少ない。eポートフォリオが活用されない理由としてもっとも多くあげられるのが、記録のインセンティブ（行動を起こさせるための誘因）の不足である。さまざま外的なインセンティブも考えられるが、そのほか活用の要件を以下に確認する。

　第一に活用の動機づけが必要である。就職などのため必要に迫られるという外的動機だけでなく、ライフサイクルのなかのさまざまな場面で内発的な動機づけもありうる。その動機づけを促す存在が望まれる。第 4 章の実践例で紹介するeメンターが、その役割を果たしている。このときのeメンターは、いわば足場がけとして機能するものである。

　第二に、記載したeポートフォリオに対するフィードバックが望まれる。フィードバックがまったくないeポートフォリオを書き続けるより、信頼できるメンターがみてくれるという状況のほうが、モチベーションが生まれ、自己評価（セルフアセスメント）も促される。同じ理由で、eポートフォリオはショーケース[11]と組み合わせて活用することが望ましい。ショーケースは他者からのフィードバックを得ることができる。

　第三に、さまざまなメディアを通じた記録の統合が可能となることが望まれる。インフォーマルな学びには、映像情報をはじめ対応するメディアの活用によって、仕事や生活の現場でeポートフォリオを容易に記録できることである。以前のようにすべてを文字情報で入力することが不要になっている。

　第四に、記録の継続性と情報保護が保証されていることが重要である。

ii）人材認定モデルと活動支援

　人材認定や活動支援は、プラットフォームの役割の一つとして期待される。第 4 章の実践例で紹介する「地域人材認定モデル」では、「成果・結果に対する評価」と「成果・結果の生かし方や目標、その取り組みなどのプロセス評価」

11　ひとりひとりの経験や実績、能力、目標などを電子的に広く公開するしくみ。第 4 章の実践例に詳述する。

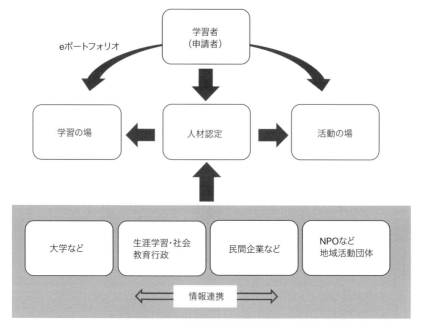

図 3-4　人材育成・認定・活動支援体制

の二つの側面を設けている。認定する人材の分野、専門性に照らし合わせて、
この二つのウエイトを検討しバランスを図る必要がある。社会的通用性や質保
証との兼ね合いも必要ではあるが、このような地域人材の顕在化を啓発・促進
（プロモート）する役割こそ、プラットフォームに期待されていくのではないだ
ろうか。

iii）関係機関のネットワーク化

　これまで、学習機会の提供については中核的生涯学習支援機関をハブとして
情報の連携を図ってきた例もあるものの、学習成果を生かした活動の支援につ
いては一体的にとらえた体制づくりはみられなかった。

　つまり、なんらかの上部機関の下で学習機会が提供されるという、トップダ
ウンの組織連携ではなく、それぞれの機関が学習支援のネットワークと、学習
成果を活用するネットワークの構成をとっている。

　地域人材の認定は、新たな体制づくりへの第一歩となる可能性をもつ。公民

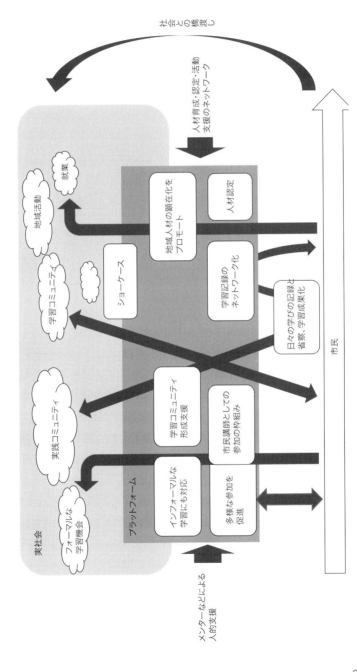

図3-5　プラットフォームの機能モデル

館や生涯学習センター、大学などで構成する地域人材の認定体制が設立されることにより、認定までの学習機会の提供がどのような内容であったか、認定後の活動の場が求める内容はどのようなものか、人材認定を行うにあたって評価の観点となるからである。

　そのため、参加機関の間の情報連携が求められ、ネットワーク化への取り組みにつながることが可能となる。そのさい、学習者（申請者）が記録するeポートフォリオが、支援機関の情報連携を媒介する役割を果たすことが考えられる（図3-4）。

　第4章の実践例では、地域人材の育成・認定・活動支援のネットワーク化を試行し、その効果と課題を明らかにしている。これらはいずれも市民と実社会を学びで接続する機能ととらえることができる。つまり、プラットフォームは目標ではなく、その先に市民を実社会の活動に接続する位置づけとするものである（図3-5）。したがって、学習の場、学習コミュニティ、実践コミュニティは、プラットフォームのなかに閉じたシステムではなく、実社会のなかに展開するというオープンな考え方とする必要がある。

3.4　プラットフォームの設計

　ここまで、プラットフォームの必要性や役割、機能について述べてきた。ここからは、市民が知識や経験を持ち寄り、教え合い、課題解決の実践コミュニティを形成するためのプラットフォームの設計を考える。前述のように、プラットフォームは多様な市民が参加し、協働する基盤としくみである。このプラットフォームの設計を考えるにあたり、「プラットフォームデザイン」の領域での研究を参考としたい。そこでは多くの実践事例をもとに、プラットフォームの設計変数を導き出している。本書で述べてきたプラットフォームに求められる機能に照らし合わせ、設計変数がどのように当てはまるか、また、インターネット市民塾の実践例で確認された効果が、どのような変数によってもたらされたのかを考察し、設計要件を明らかにする。

3.4.1　プラットフォームへの参加を導くしくみの設計

　働き盛り・子育て世代が、仕事や生活の場から参加するには、インターネットの活用は欠かせない。現在インターネットを介して参加できる学習機会は無数に存在する。そのなかでも MOOCs（massive open online courses、ムークス）と呼ばれているサービスは、どこにいても世界の大学の講義を受講することができ、世界中から利用されている。また、ウェブ上の情報を検索して知識を得ることも日常的に行われるようになっている。

　このように、それぞれの目的に応じて多様なプラットフォームが存在するなかで、プラットフォームが活用されるには、参加を誘引するどのような設計が必要か改めて検討する必要がある。

　第一に、そのプラットフォームでなければできない機能・役割が明確に示されている必要がある。インターネット市民塾では、だれも講師となって講座を開催できる市民講師モデルが明確な機能として示されている。次に、参加することでその機能・役割がそれぞれの市民にとってどのようなインセンティブをもたらすか、知ることができる必要がある。業務改善への参加を個人の業績の評価に結びつけている企業内ナレッジマネジメントシステムの分析［國領 2011: 91-118］では、知識提供への強いインセンティブをもたらしている。地域の顧客カードサービスのプラットフォームの分析［ibid.: 155-176］では、参加することでカードの手数料が減額されるという経済的なインセンティブがある。このような外発的インセンティブとは別に、内発的なインセンティブにも着目する必要がある。山形県鶴岡市で 1998 年から運用されている「Net4U」というヘルスケアプラットフォームの分析［ibid.: 205-257］では、医師や専門家が、医療・福祉の現場で起きていることへの疑問や対応に協力し合う関係が長く続いている。多忙な医師や専門家が、多少の負担感があっても自発的に知識提供して問題解決に役立とうとするインセンティブは、地域社会の他者に役立ち認められるという社会的な関係性や、自身もほかの参加者の知識を役立てているとう互酬性が成り立っているからという。この事例では、個の内発的なインセンティブが、地域全体のサービスレベルの向上という全体利益を生み、結果的には経済的なインセンティブも得られている［ibid.: 16-18］。このように、個にとってのインセンティブとプラットフォーム参加者全体にとってのインセンティブは

必ずしも同時に生まれるとはいえないことに注意する必要がある。

　これらの事例分析にある外発的インセンティブと内発的インセンティブの誘発を、どのように設計することが可能であろうか。インターネット市民塾では、受講者として学習機会が得られるというインセンティブも存在するが、ほかのプラットフォームと大きく異なるのは市民講師としての参加である。市民講師の参加のモチベーションは第1章にくわしく分析したように、自身の新たな役割を見いだし他者に役立つという社会的関係性にインセンティブを見いだしている。また、自らが開くコミュニティの形成を通して、参加者から学ぶことができる互酬性も存在する。さらに、市民講師として講座を企画、開催する過程で市民自身がさまざまに学ぶ。ただ、これらのインセンティブはいずれも参加して初めて得られるものであるため、新たな参加者には知られていない。そのため、すでにインセンティブを得て参加している様子を見える化し、動機づけすることも必要である。インターネット市民塾の参加者のなかにも、「テーマをもって活動している市民講師に感動した」「自分にも経験や学びを伝えることができそうだと思った」といった回答が多くみられる。

　このような社会的関係性によるインセンティブ以外に、経験や学習成果が認められ新たな社会的活動に優位に役立つという期待も考えられる。文部科学省が検討している生涯学習プラットフォームには、「学習・活動の履歴の証明」が構想されている。インターネット市民塾でも地域限定であるものの、人材認定を受けることへのインセンティブに期待がある。第4章に述べているように、諸外国に比べて「認定」「証明」の社会的通用性をもたせるフレームワークの整備は遅れているが、プラットフォームへの参加を誘引する重要な要件と考えることができる。

　このようなインセンティブの設計の一方で、参加の障壁になることは何かを検討する必要がある。まず、インターネットの利用は参加の容易性を飛躍的に広げるものであると同時に、障壁と感じる市民も少なくない。今日のように、仕事や生活のあらゆる場面でインターネットを活用する時代であるが、学習者全体でみると対面型の参加者が圧倒的に多い［増田ほか2008］。インターネット上での学習者をとらえられにくいという面はあるものの、インターネット市民塾と類似する富山県民カレッジ「自遊塾」は受講者としての参加は比較して多

い。インターネットの利用に不慣れなことが理由で高齢者にその傾向がみられ
る。障壁となる二つ目の理由として、「顔が見えない不安」がある。参加する
ことでどのような人が接してくれるのか、レベルが高いという敷居を感じるな
どの声はよく耳にする。また、利用登録の制度に不安をもつものも多い。個人
情報を登録することに抵抗をもつ者は多い。どのような利用料の負担が生じる
か不安になることもある。何より利用登録をしないと、どのような人が参加し、
どのようなレベルの学習が行われているかわからないという問題もある。この
ような不安は、ウェブページの工夫や見える化など、敷居を下げるためにでき
ることは多いが、表現上の工夫以前に運営ポリシーが影響する。運営体制が閉
鎖的な場合や、逆にすべてが公開されるという統制のない運営には不安をもつ。
これらについては後述の運営設計の考察で考察する。

3.4.2　「おとなの総合的学習」としての学習支援設計

　成人期の学習は、テーマや内容、方法は多様なことが前提となる。また、こ
れまでの学習や経験はひとりひとり異なる。あらかじめ到達目標が定められ、
効果的な学習方法が用意されるフォーマルな学習機会も多く利用されているが、
前述のようにそれぞれの状況に応じたインフォーマルな学習は、成人期の学習
の多くを占める。

　学校教育では、学習者が自発的にテーマや学習方法を選択し、教科を越えて、
他者と協力して学ぶ「総合学習」が取り入れられている。この「総合的学習」
と同じしくみで行われているのが、インターネット市民塾の市民講師モデルで
ある。市民自らが自発的なテーマをもち、参加者とどのように学ぶかを何らか
の生活課題を中心にして企画し、参加者と協力して学習するかたちは、「おと
なの総合的学習」ということができる。

　この「総合的学習」の内容をより深化させ、学習による成果をより生かすに
は、学校教育における「総合的学習」の実践ノウハウが大いに生かせると考え
られる。市民講師が開催する講座のなかにはさまざまな課題がみられ、メンター
が介入して効果的な学習の方法、学習コミュニティの形成を支援することが多
い（第4章の実践例で詳述する）。「総合的学習」の実践的ノウハウには、「教師が
あらかじめ用意した指導内容を、効果的に理解させようとして授業をしくむよ

うなやり方」とは根本的に異なるさまざまな工夫をみる。

　市民講師が陥りやすいかたちとして、自らの興味や関心を参加者のそれと同じであるとし、一方的な知識の提供に終始し、市民講師も参加者も達成感が得られないということがみられる。逆に参加者の意見へ対応することに終始し、テーマや内容が共有されないまま流されてしまうという例もある。前述の学習コミュニティの形成過程にみるように、市民講師と参加者との相互作用が求められる場合、市民講師には講座の企画段階からどのように受講者と向き合うかが重要となる。このようななかで、学校教育の総合学習では、「テーマがどう決まるか」「学習はどう進むか」「教師はどう関わるか」などの実践ノウハウが大いに参考になる［平野 1997］。また、これらの実践では、「子どもの姿から学ぶ」という取り組みは、市民講師に通じる。学校教育と異なり、参加者の年代や背景、参加の動機はさまざまであり、まったく同様にはできないものの、「受講者から学ぶ」姿勢が学習コミュニティの形成の出発点であることに通じるものがある。

　「総合的学習」は、市民講師を支援するメンターの養成にも生かすことができる。これまで述べてきたように、プラットフォームにおける人的支援体制はきわめて重要である。その主役となるのが第4章の実践例で紹介するメンターである。

　前述のように、市民講師をめざす市民に寄り添いながら学習コミュニティが形成されるよう、企画段階からともに考えることも多い。多くの受講生の学習の進行管理を役割とするメンターとは異なり、教える側の市民講師に目を向けて支援するものである。そのスキルはメンタリングの経験の積み重ねに負うところが大きい。インターネット市民塾ではメンターの養成を試みてきたが、この養成プログラムに総合的学習の考え方を取り入れることで、効果的な養成が期待できる。

3.4.3　創発が生まれるコミュニティ設計

　これまで述べてきた学習コミュニティの形成や、新たな活動への発展していく実践コミュニティでは、参加者の間で相互作用が生まれ、お互いに学び合い協力し合う関係が形成され、新たな付加価値を見いだしているとした。プラッ

トフォーム研究では「創発」という言葉を用い、「複数の主体が相互作用することで、必ずしも予測できない付加価値が生み出されること」と定義している［國領 2011: 19-21］。プラットフォーム研究の取り組みが少ないなかで、この概念は大いに参考となる。

　一方、本書の実践事例にみられる「内発的動機づけ」は、この「創発」に対応する重要な要件ととらえることができる。市民講師や受講者による相互作用を生む過程を第2章で事例をもとに紹介した。特別にインセンティブが示されていないなかで、そのような相互作用が生起するには、内発的動機づけは不可欠である。

　このような内発的動機づけが生まれやすい状況を設計する考え方として、人と人との関係性をつくるソーシャルネットワークサービス（SNS）がある。第4章で紹介するインターネット市民塾では、学びを入口とする独自のSNSを形成している。

3.4.4　市民の知が集まる運営設計
　地域における新たな活動を生む創発をもたらすプラットフォーム設計には、多様な主体が資源を持ち寄り運営することが重要な要件とされている［國領 2011: 16-18］。前述の山形県鶴岡市のヘルスケアネットでは、医療や福祉サービスの現場から、さまざまな知識をもつ参加によって高レベルのサービスを提供し地域の問題解決に貢献している。また、佐賀県で地域のベンチャーを支援する鳳雛塾は、学び合う参加者のなかから新たな地域サービスを立ち上げる者や起業家が生まれている。その鳳雛塾は、プラットフォームの運営に必要な資源を産学官の多方面から得ている。加えて、ケースメソッドを取り入れその教材開発に必要な情報資源を地域のさまざまな企業から得ており、これらがプラットフォーム参加者から次々と新たな活動が生まれることに寄与している［飯盛 2014］。

　一方、プラットフォームの前提となるのは、参加する市民が必ずしも学習の明確な目的をもっているとは限らないことである。また、ひとりひとりの多様な経験や学習成果を認知し、それをどのように活用するかについても意識しているとは限らない。そのようななかで、インターネット市民塾の実践では、参

加者の間に学習コミュニティが生まれ、共通の目標が見いだされ、その目標に対して参加者それぞれができることを出し合い、実践をともにするコミュニティをいくつも見いだすことができる。

　では、このような実践コミュニティが生まれやすいプラットフォームの設計とは何か。実践コミュニティの研究では、コミュニティを育成する「七つの設計原則」を示している［ウェンガーほか 2002］。

i）進化を前提とした設計を行う

　コミュニティを無から立ち上げるのではなく、人の集まりを発展させていくことが現実的とするものである。この点でインターネット市民塾は、市民講師が開く学習の集まりがあり、そのなかで学習コミュニティが生まれている。さらに上述のように実践コミュニティへと発展している。ウェンガーが指摘しているのは、その発展を促す「触媒」が設計要素だとしている。インターネット市民塾の場合、メンターの存在がこれにあたることから、設計要素としてあげることができる。

ii）内部と外部の視点を入れる

　コミュニティの構成者にどのような経験者がいるか部内者の観点をもつことと同時に、優れた経験をもつ者がいることを、参加者に気づかせる部外者の視点をもつことが必要としている。このような両側の視点をもつ者が学習コミュニティの参加者に適切な情報を提供することは、インターネット市民塾でもメンターが裏方として活動している事実がある。

iii）さまざまなレベルの参加を奨励する

　コミュニティへの参加の動機や求めるものを画一的にすべきでないとするものである。たとえば、参加者を募集するさい、対象者を限定的にするとコミュニティは発展しないという。参加後の役割も、コアメンバーや周辺メンバーという多様な参加を認めるべきとするものである。飯盛[2014]は、鳳雛塾のプラットフォームのメンバーには、中核的に活動する「強い紐帯」の存在は必要であるが、「弱い紐帯」の一般メンバーが入らないと、新しい情報が入らなくなる恐れがあることを指摘した。インターネット市民塾にもざまざまな講座、学習コミュニティが存在するが、参加者が常連化している学習コミュニティからはあまり大きな発展はみられない。むしろ毎年新しい参加者を集めている講座か

ら、地域活動が生まれている例をみることができる。また、受講者として参加した市民が翌年に市民講師として開催する講座では、同じ市民であっても関わり方に大きな違いが生じている。いずれにしろ、多様な参加を積極的に受け入れていく要件は重要であるといえる。

iv）公と私それぞれのコミュニティ空間をつくる

　ウェンガーらは、メンバー全員が集う公共空間とメンバーが個別にコミュニケーションをとる私的空間の両方が必要だとする。インターネット市民塾では、講座の参加者が共有する掲示板と、個別にメッセージをやりとりする手段を提供している。参加者全員で共有する前に、個別の相談や根回しなどは、自由なつながりを育てるうえでも必要であるといえる。

v）価値に焦点を当てる

　ウェンガーらは、コミュニティのメンバーにどのような価値がもたらされるか、はっきりと言葉に表すようたえず働きかけることが重要としている。これには、コミュニティの価値が流動的であること、メンバーに十分理解されていないことが多いという考え方が前提にある。一方で、組織のトップダウンプロジェクトとは異なり、コミュニティの価値をあらかじめ決めつけるより、潜在的な価値の発現を促すことが大事という。これは前述の総合的学習と通じる面である。前述した相互作用を起こしている講座では、市民講師から活動のねらいを押しつけず、期間のなかごろまで我慢をしている。そのなかで参加者から新たな行動が生まれ、コミュニティの共通の価値へと発展している。

vi）親近感と刺激を組み合わせる

　メンバーにとって、居心地のよさと新たなことが得られることの、二つの側面が必要とするものである。自発的な参加を前提とするプラットフォームでも、この二つの側面が求められるといえる。

vii）コミュニティのリズムを生み出す

　コミュニティのなかで行われるミーティングなどの活動は、その頻度によって活気の度合いが左右されるとするものである。上記と同様に、自発的に参加する市民には仕事や生活のさまざまな状況がある。インターネット市民塾の講座でも、活動の頻度によって状況が左右されることはよくみられる。

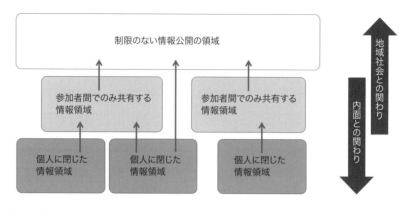

図 3-6　利用者にとっての三つの空間

3.4.5　プラットフォームの構造要件

（1）プラットフォームの管理

　プラットフォームは、管理されるべき要素と、自由な利用を促進することの二つの要件をもつ。インターネットに接続し、プラットフォーム自体が不特定多数に利用される場合、技術的な管理や、情報保護の面での管理は不可欠である。

　一方、学習コミュニティ、実践コミュニティは、そのなかで扱われるテーマや参加者の言動を管理されないことが前提になる。これらを管理・統制することで、学習コミュニティ、実践コミュニティが成立しなくなるという考え方がある［Works 編集部 2003］。このような二面性を考えたプラットフォームの設計が必要となる。

（2）利用者の空間設計

　プラットフォームは、市民のプライベートな情報を安全に保護する役割と、広く学習を通じて実社会との接点をつくる役割の二面性がある。その領域は次のような空間で分けて考えることができる（図 3-6）。

　これらの空間ごとに公開を制御するシステムが望まれる。

（3）レイヤー構造

　また、プラットフォームの構造は図 3-7 のように四つのレイヤーに分けて考

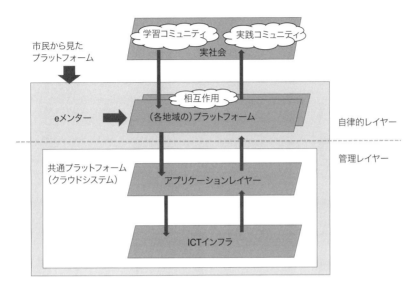

図 3-7　プラットフォームの四つのレイヤー

える必要があり、それぞれ関わる技術や支援のあり方が異なることに留意する
必要がある。ICT インフラおよびアプリケーションレイヤーは、共通プラット
フォームとして管理され、クラウド型システムとして全国のどこからでも活用
できることが考えられる。一方、生涯学習プラットフォームのレイヤーは、地
域や利用者によって自律的に構築・運営されることが考えられる。地域の市民
が参加し、地域人材として活動するには、地域のなかでの信頼形成は必要であ
り、地域の状況をふまえた構築と運営が望ましい。支援人材も、フェイス・ツー・
フェイスの関係が必要であり、レイヤーに応じた役割を担うことが望まれる。

(4)　クラウドサービスの活用

　ここまで示してきたプラットフォームの機能や設計を具体化する方法とし
て、クラウドサービスの活用が考えられる。e ラーニングや e ポートフォリオ、
SNS などのクラウドサービスがなかった 2000 年以前では、インターネット市
民塾は独自にサーバーシステムを開発するしかなかった。だが、今日ではグー
グルやマイクロソフトをはじめとするさまざまなクラウドサービスが提供され

ており、これらを組み合わせて活用することが可能となっている。ただし、そのさいにも、プラットフォームの利用者が自身のeポートフォリオやコミュニティを継続的に利用できることを担保する手立ては重要である。

　これらをふまえて、プラットフォーム構築の検討段階では、サーバーシステムの専門家や実践経験者のアドバイスを求めることが考えられる[12]。

12　特定非営利活動法人地域学習プラットフォーム研究会（https://shiminjuku.org/）では、インターネット市民塾や各地のプラットフォーム構築の実践事例をもとに、これらの検討のための相談に応じている。

第4章
プラットフォームの実践例

　本章では、これまで述べてきたプラットフォーム構築の実践例を紹介する。ICT を活用し、地域に密着した市民の地域人材化を育てるさまざまな取り組みがある。海外の事例も紹介し、今後の取り組みの課題を考えたい。

4.1　インターネット市民塾

4.1.1　市民講師デビューを応援するインターネット市民塾
　市民が誰でも教える場をつくることができ、集まった市民との知識交流や社会活動を行う、いわば地域版実践コミュニティをめざして構想したのがインターネット市民塾である。生涯学習の実践の場における問題意識をふまえ、1994 年にその構想の具体化に取り組んだ。富山県で開催された全国生涯学習フェスティバルの会場で、「次世代生涯学習」として構想と試作モデルを発表した。次世代を担う子育て世代や地域の産業を担う働き盛りが、仕事や生活の現場からいつでも知識交流に参加できること、市民講師として多様なテーマで自発的に学習の場を開設できること、集まった市民との知識交流によってそれぞれが自身と社会との新たな関係を拓く場として、実社会と密着した「市民の学習プラットフォーム」をめざしたものである。

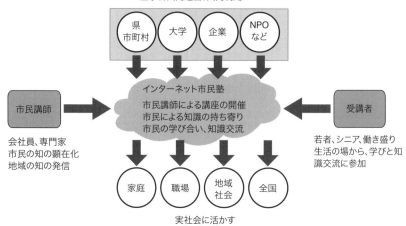

図 4-1　インターネット市民塾のスキーム

　インターネット市民塾のもっとも大きな特徴は、「市民講師としての参加を促進し活動を支援するモデル」である。

　・仕事や生活の場からインターネットを介していつでも参加できる
　・市民が自発的に学習の場を開設することができる
　・学習の場は市民がデザインし、市民が主体的に運営できる

これにより、働き盛りを含め幅広い市民に対し、

　・多様な経験をもつ市民と教え合い学び合う、学習コミュニティの形成を支援する
　・学習コミュニティへの参加をとおして、他者や社会との相互作用により自身の知識や経験を振り返り、意味づけし、新たな目標に結びつくことを支援する
　・経験や学習成果、取り組みが客観的に評価され、社会的な説明に役立つことを支援する
　・地域での活動機会を支援する
　・これらの枠組みが地域の産学官により持続可能なかたちで運営され、継続的に利用できる

インターネット市民塾は、1998 年に筆者から地域の産学官に共同研究を呼

びかけて開発が始まった。1999年に社会実験を開始した当時は、インターネットの一般利用者も少数で、はたして利用されるのかという懸念もあった。だが、その後の数年間でインターネットの一般利用は急速に拡大し、働き盛りなど多くの市民利用者のニーズを掘り起こした。市民から多くの反応が上がり、行政、関係機関もその可能性を認識した。市民講師による講座の開催が増加するにつれ、参加者も増えた。学び合う関係のなかで、市民が地域の課題解決を考える契機になった。小さな学習コミュニティにより、さまざまな地域活動が生まれた。ソーシャル・ネットワーク（SNS）がまだない時代に、学びを通じて人のつながりが形成された。これを受け、2002年にはそれまで試行運用組織で進めてきた運用体制から、産学官による推進協議会として運営体制を確立した。県、市町村、商工会議所、県内企業、団体などによる共同運営体制により現在も運用されている。

4.1.2　市民による講座の企画と開催

(1) 市民講師制度

　経験や学んできたことを生かして、市民が学習の場を自主企画し開催する制度である。肩書きや専門性にとらわれず、一人の市民の立場で開催することを原則にするなど、一定のルールは設けているが、テーマや開催方法、受講者の定員、受講料などは市民が決め自己責任で開催する。教育者や専門家でない市民に市民講師の機会を広く提供するとともに、市民講師をめざす者のために市

表4-1　インターネット市民塾の講座の類型

		ネット学習		ブレンド型	スクーリング	
		逐次型	蓄積型	併用型 並行型	教室	現場
教授型 （タテ型）	講義型	講師の見識を直接または（教材を通じて）間接的に教授する ・大学公開講座、市民・専門家等による開催 ・知識・技能の習得 ・教材開発に費用をかけることが多い				
	演習型					
コミュニティ型 （ヨコ型）	ワークショップ型	集まった参加者の中で経験やノウハウを互いに引き出し合い、お互いに学ぶ参加者の知識の意識化と顕在化 ・参加者の人の関係性によって学習が深まる ・多様な人のつながりが目標と意欲を高める ・教材はレジュメ、資料程度のときもある				
	コミュニティ型					
	学習サークル型					

民講師養成コースを設け、学習講座の企画から開催を通じて必要によりメンターがサポートする。

(2) 講座の開催方法

インターネット市民塾のホームページ上に「教室」が用意される。「教室」に用意されるコンテンツの公開ページや、受講者への案内ページ、掲示板、SNS機能などを活用し、インターネット上での学習や、会場など対面で行うスクーリングなどを組み合わせて開催する。

開催する講座はその形態によって、「講義型」、「ワークショップ型」、「学習サークル型」などに類型化される（表4-1）[1]。

4.1.3　インターネット市民塾のプラットフォーム

インターネット市民塾のプラットフォームは、インターネットを通じて広く利用できるクラウドサービス型で構築されており、次の三つの主要機能を実装している。

(1) 市民が主体的に学習の場をつくり運営する機能

eラーニングシステムをベースとしながらも、一般的な集中管理方式ではなく、教室の開設からコンテンツの配信や更新、対面する機会を含めた運営を自律的に行えるよう、インターフェイスにさまざまな工夫をこらしている。また、市民講師による知識提供型のフォーマルな学習のほか、学習の方法は自由とし市民・学習者がお互いに学び合うノンフォーマルな学習、参加した市民の間で学習の目標が見いだされるインフォーマルな学習が生まれやすくする機能を開発している。

(2) 学びのソーシャル・ネットワーク

学習コミュニティの形成をねらいとして、独自の設計を行った（表4-2）。

1　知識と技能の伝達を主とした「タテ型」と、参加者の知識や経験を引き出し合い学び合う「ヨコ型」という分類もある。また、一つの講座がいずれかの形態のみで構成されるのではなく、これらの柔軟な組み合わせによって構成されることもある。

表4-2　インターネット市民塾の学習コミュニティ支援機能

参加のきっかけを広げる	たくさんの学びの発信に触れる テーマに共感する 言葉を送る、声をかける 体験してみる
多様な活用方法に応える	テーマを発信して仲間を集める 発表する、展示する ネット教室を開く 活動サークルを開く
柔軟な活用スタイルを提供する	講座、活動サークルを持つ コミュニティ・グループを形成する ワークショップを開く ニュースレターを発行する 自分だけの学びの書斎
いろいろな学びを支援する	ほかの人の発信・発表から学ぶ 発表していろいろな声を聞く 教えて学ぶ 人の交流から学ぶ
利用者に学ぶ楽しさ、喜びを提供する	気軽に参加できる 自分のテーマが見つかる 同じテーマをもつ人と出会いがある 教えるために自身が学ぶ 学んだことがかたちになる

　これらは①教室のなかでコミュニティを形成、②インターネット市民塾の登録者すべてを対象に教室を越えた横断的なコミュニティを形成、③登録者の枠を越えて広く発信し交流する、三つのレイヤー（階層構造）で機能する構造としている。

(3) e ポートフォリオ

　2010年からは、eポートフォリオ機能を試行的に提供している。市民が自身の経験や学習の記録、活動の記録を電子的に記録する。自己の経験の意味づけや学習成果として進化させるための学びと自己成長に役立てるものである。さらに、eポートフォリオの記録をもとに、学習成果や活動成果をまとめ、他者や社会にどのように生かすかを示した実践プランを作成し、これをもとに地域の人材として認定する枠組みについても開発し試行した。eポートフォリオ機能では、インターネット市民塾での活動の記録のほか、さまざまな活動を記録し、仕分けできるようにした。記録したeポートフォリオをもとに、キー・コンピテンシーを自己診断する機能や、新たな活動への目標設定、活動や業績、

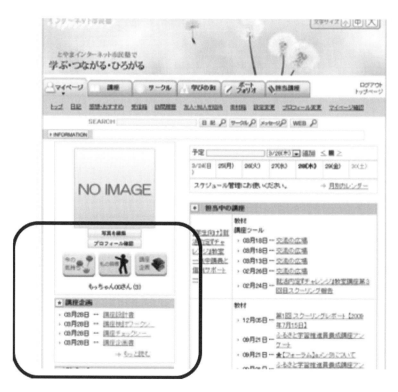

図 4-2　市民講師の活動画面（マイページ）
左はスマートフォン用の画面。
（インテック社より提供されているシステムのサンプル画面）

図 4-3　インターネット市民塾のプラットフォームの構成

今後の取り組みなどまとめるショーケース作成を行う機能などが含まれる。また、メンターとの関わりをもつインターフェイスも用意した。このほか、運営事務局のための機能を用意している。

　講座開催期間中の関連情報の記録を容易にするため、情報連携の機能も用意している（図 4-2）。市民講師が開講する講座の企画、運営のために作成したティーチング・ポートフォリオを、e ポートフォリオに登録し、随時、参照することができる。

（4）プラットフォームシステムの構成

　インターネットを通じていつでも利用できるよう、サーバー上に構築されている（図 4-3）。Facebook など、いまや多くの人びとが利用しているソーシャル・ネットワーキング・サービスとの連携も用意している。

4.1.4　インターネット市民塾に参加する市民の状況

　18 年前に実験運用を始めて以来、毎年十数人から数十人の市民が市民講師として自発的に学習の場を設けている。実社会で培ってきた専門知識や身近な課題をテーマに、市民が学びの場を運営している。これまでに市民が開催した講座はのべ 650 講座を超え、その受講者は計 8,500 名にのぼる。インターネットを介した集まりと対面学習や座学、体験活動などを組み合わせ、お互いに貢

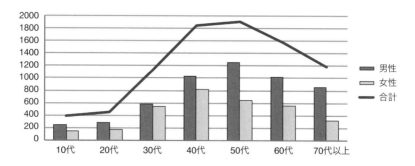

図 4-4 インターネット市民塾利用登録者の年代分布
（2014 年 3 月末 富山インターネット市民塾）

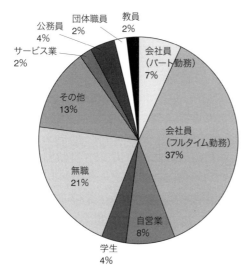

図 4-5 利用者の職業などの分布
（n＝1016）（2014 年度受講者、富山インターネット市民塾）

献し合う学習コミュニティも形成されている。

(1) 働き盛りの学習参加の拡大

　これまで参加が少なかった 40 〜 50 代の男性の参加が多い（図 4-4）。また、職業に就いている者は 65％と、働きながら参加する市民が多い（図 4-5）。これはインターネットを通じていつでも参加できることの効果とみることができる。また、比較的幅広い年代の参加者が一つの教室に集まることで、世代間のインフォーマルな学習が生まれている例もある。

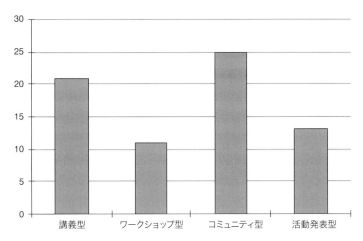

図 4-6　学習講座の類型
2013 〜 2015 年度計、富山インターネット市民塾（*n* = 70）

(2) 多様な学習の形態の創発

　学習の形態は講座を開催する市民がデザインするというしくみにしたことにより、その開催形態は多様で、講義型だけでなくワークショップ型、コミュニティ学習型、活動発表型などさまざまである（図 4-6）。2013 年度〜 2015 年度の開催形態をみると、講義型（フォーマルな学習）が 21 テーマであるのに対して、コミュニティ型などは 49 テーマが開かれている。

　これらの講座では、講師と受講者が相互に教え合うこともみられ、意図しないインフォーマルな学習が生まれることが多い。また、インターネットを介して学ぶ e ラーニングは講義型とし、対面学習や座学の場は講師と受講者が入れ替わって教え合う講座もある。多様な経験や知識をもつ市民が集まることで、インフォーマルな学習が生まれやすい状況となっている。

(3) 地域人材の顕在化

　毎年十数人から数十人の市民講師が自発的に講座を開催している。これらの市民講師のなかから、前述のようにさまざまな地域活動が生まれた。新たな市民講師は自発的に地域デビューする地域人材である。

（4）若者、働き盛り、シニアの知の還流

　このような講師のモチベーションは、参加する受講者にも伝わり、受講者の
なかから新たな講師も生まれている。働き盛りは子育て世代でもある。働き盛
りがいきいきと学ぶ姿に、子どもたちが学び方を学ぶ。シニアの豊かな経験が
生かされることは、社会への知の還元となるとともに、若者や働き盛りが将来
に希望を見いだすことにもつながる。若者、働き盛り、シニアの知の還流は、
今後の持続可能社会をめざすうえで重要である。

　このように、市民が自発的に参加する学習コミュニティが継続的に生まれ、
その活動のなかから地域人材が顕在化し、地域の活動の場へと結びつくとい
う、市民の学びと実社会の活動を橋渡しする存在がインターネット市民塾であ
る（図4-7）。その運営を地域の産学官と市民で構成する地域コンソーシアムが
行うことで、市民を中心にすえたプラットフォームとなっている。このインター
ネット市民塾をプラットフォームとして、e ポートフォリオや地域人材の認定、
地域 e パスポートの発行、人材データベースと連携した地域人材のショーケー
スなどの実証的研究に取り組むことが可能となった。

　このような富山での取り組みは各地に波及し、東京都世田谷区、京都府、和
歌山県、徳島県、高知県、広島県、熊本県などで「地域版インターネット市民
塾」が開設された[2]。

4.1.5　e メンター活動（人的支援の実践）

　前述したインターネット市民塾では、e メンターが市民講師デビューや成果
を生かした地域デビューを支援している。市民が市民講師として活動するため
に、どのような支援が求められてきたのか、その効果はどうか、実践の記録を
評価することで、プラットフォームにおける人的支援の実践を紹介する。

2　それぞれの地域では、富山県での取り組みをモデルとしながら、NPO や大学など地域内の
　団体によって「地域版インターネット市民塾」が開設された。そのため、地域ごとに独自
　の特色をもった活動が生まれる一方、富山県を核に地域間の連携や協働が生まれた［高田
　2012］。

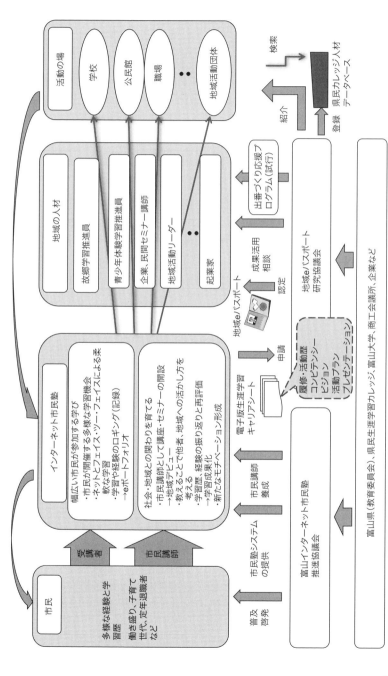

図 4-7　学びと社会の懸渡しとしてのインターネット市民塾

(1) メンターによる支援活動の概要

i) メンターの属性

　メンターはインターネット市民塾の事務局スタッフ 2 名が常時対応する体勢をとった。また、希望する市民のなかから、要件を満たす者をインターネット市民塾 e メンターとして認定した。志願者のなかには市民講師を経験し、講座・学習コミュニティの運営にどのような課題が生じるか、自ら経験している者もいる。この市民メンターは、職業をもつ 30 代から 60 代の現役社会人である。メンターを志願する時点で、コーチングやファシリテーション、コミュニケーションに関する資格を有している者や、キャリア・コンサルタントを職業にしている者も含まれる。

　これらのメンター志願者には、実践指導を含む 6 か月の養成期間を設けている。さらに後述する地域人材認定プログラムを経て認定し、活動にあたっている。また、市民メンターのなかから経験豊かな者をシニアメンターとして認定し、ほかのメンターの指導も担っている。

ii) メンターによる支援活動の方法

　メンターによる市民講師支援活動は、対面とインターネットによる支援の二つの方法がとられる。支援するメンター、市民講師のそれぞれ職業をもつ現役社会人であることから、支援にはインターネットの併用が不可欠である。

　市民講師へのメンタリングは、初回に相談を受けてから始まる。市民講師をめざす動機、どのような活動をどこまで具体的に考えているか、受講者にどのような貢献を考えているか、講座の開催により自身が得たいことは何かなどをインタビューするとともに、これらについて相談者自身にセルフアセスメントを促し、その過程を記録する。

　講座の企画段階では、ワークシートを介して市民の企画のレビューを行い、講座を実際に開催するための具体的なアドバイスを行う。また、講座開催中は、受講者への案内や受講者の状況を可能な範囲でモニタリングし、適時にアドバイスを行う。さらに市民講師と講座の参加者による学習コミュニティの形成を促進するためのコーディネートや、講座の開催を生かした地域活動の促進についても可能な範囲でコーディネートを行っている。これらのアドバイスでは、メンターはあくまでも市民講師の後方という立ち位置に留意している。講座の

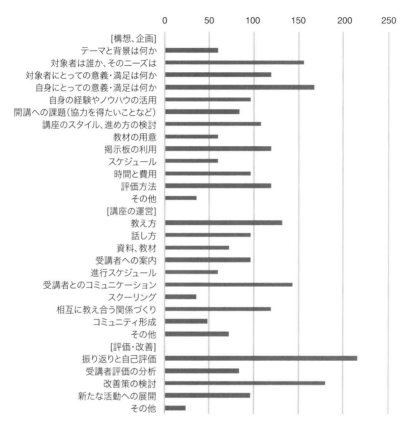

図4-8　市民講師への指摘、アドバイス（複数回答）

終了時は、当初の企画と照らし合わせ、振り返りと次回に生かすセルフアセスメントを促す。

iii）市民講師デビュー支援活動

　メンターによる支援記録および市民講師へのアンケート調査をもとに、支援の効果を紹介する。

　メンターから市民講師へのアドバイスの指摘回数を集計すると、図4-8のようになった。講座の構想・企画段階では、「対象者は誰か、そのニーズは」という、いわゆる講座参加者のマーケティングを考えていない、あるいは漠然としているケースが多くみられる。また、「自身にとっての意義や満足は何です

か?」という問いを受けて初めて構想の動機を振り返る者も多い。さらに、講座の具体的な企画に入ってからは、ワークシートを介して相談者のレビューと市民の再検討のくり返しが多い。「テーマや内容に対して自身の経験や知識が十分か」という問いにとまどう市民もいて、協力者を探して開催する方法も提案している。働きながら講座を開催しようとする市民には、スケジュールや必要な時間の確保など実現可能性について再検討を促すことも多い。

　講座の運営段階では、教え方について不慣れな市民の状況が現れている。ここでのアドバイスは、一方的に知識を押しつけることがないようにするというものが多い。ただし、市民講師が不慣れであっても、受講者との関係性がよい講座では、受講者からのフォローや役割分担によって学習が深まっている例もみられる。受講者とのコミュニケーションについてのアドバイスは多い。ネット上であれ対面している人対人であれ、学習の理解や進め方の意思疎通は、意識的に確認し合うことが必要であり、確認不足によるコミュニケーションの齟齬は少なくない。「相互に教え合う関係づくり」や「コミュニティ形成」については、テーマや市民講師の方針に依存するが、市民講師と受講者の向き合い方、意識を少し変えるだけで講座の活性度やその後の発展性に大きな差が生じることから、重要な支援である。

　評価・改善の段階では、すべての市民講師に振り返りと自己評価を促している。自己評価にあたっては、講座終了後に行う受講者アンケートの結果を提供し、客観的な評価もふまえたものとしている。新たな活動へのアドバイスは、ここで集計されている。講座の発展性が望めるさいの、地域の関係者、関係団体への紹介のほか、市民の出番づくりを応援する別建ての事業でも、メンターとして支援を行っている。

(2) メンターの介入による市民講師の変化

　前述のように、市民講師には活動によってこれまでとは違う価値観が生まれ、新たな活動への動機が生まれている。そのモチベーションを傾聴し、セルフアセスメントを促して支援することが、メンターの重要な役割となっている。

　これらの実践では、メンターなどの人的支援により、市民・学習者が学習コミュニティを開こうとする構想・企画段階から、開催中、終了後に至るまで

一対一の支援を行っている。市民講師の反応からみえるのは、学習コミュニティ開催が社会活動を始めることへの足場がけ（スキャフォールディング）であり、メンターはそのOJTの指導者的な存在ということがわかる。同時にメンターにも市民・学習者の目線で支援する多くの実践ノウハウが蓄積された。その成果は各種ワークシートの設計や、ティーチング・ポートフォリオを活用した市民講師のPDCA実践プログラムの開発として生かされるとともに、市民講師養成コースの開発にも役立っている。このように、市民・学習者と社会をつなぐ機能には、ICTの活用と合わせて人的支援が不可欠といえる。

4.2　市民の出番づくり

4.2.1　市民の出番づくりを応援する実践

　市民の多様な知識と経験が生かされる可能性には、企業などでの就業のほか、社会に求められる新たなサービスの起業や次世代への知の伝承など、さまざまな社会活動が含まれる。市民の学習成果[3]がそれらの社会活動に生かされる観点、あるいは求められる学習成果も多様な観点が考えられるが、市民が自らの経験や学んできたことを多様な観点で意味づけし、職業や地域・社会の活用機会を捉え具体化することは容易ではない。富山県内の支援機関へのアンケート調査［地域eパスポート研究協議会 2014］では、「学習成果を把握していない」（5.0%）、「目標が具体的でない、あるいは願望に留まっている」（7.8%）という市民の課題が指摘されている（図1-6）。そのため、まずは経験や学んできたことを生かそうとする市民に、どの過程でどのような課題が生じているか具体的に把握することが重要といえる。そのうえで、支援機関は、市民ひとりひとりの過程に沿って、体系的に支援することが必要と考えられる。本節は、経験や学んできたことの活用における市民の課題を具体的に把握し、その体系的な支援を行う「学習成果活用支援プログラム」（以下、支援プログラム）の開発と実践を紹介する。

3　学習成果の考え方やその活用における課題と支援については、日本生涯教育学会生涯教育e事典（ejiten.javea.or.jp）の「学習成果の活用方法」の項目も参照。

表 4-3　学習成果活用支援プログラムの構成

ステップ	実施ねらい	実施方法
学習歴、活動歴の振り返り支援	経験（職業、職業以外）、学習歴の俯瞰と体系化	オリエンテーション
	経験の再評価（自己効力感、メタ認知）自己理解の促し	一斉相談会
モチベーション形成支援	地域の多様な場と学習成果の対比など	個別相談会
	多様な価値観への気付きの促し	個別メール相談
目標づくり支援	具体化の促し	応援レター送付
	活動の場に関する調査、理解の促し	実践プランレビュー会
	求められるコンピテンシーの検討	
実践プランづくり支援	行動の促し（自身による調査、訪問、相談、記録等）	実践プラン発表会
	小さな試行による評価、改善ステップアップの促し	事後フォロー
地域人材の認定と公開	公的な認証と実践機会への結び付け	県民カレッジ人材情報として公開
	公開による自律的行動と責任意識の醸成	

（1）支援プログラムの開発と試行の概要

　市民・学習者が、自身の学習歴、活動歴の振り返りと省察を通じて学習成果としてどのように認知することができるか、その学習成果をどのように目標に結びつけることができるか、さまざまな課題があることがわかっている。また、これらの結果は他者や地域との社会的な関係性に大きく依存し、ひとりひとりの過程に応じたメンターなどの支援が重要であることも明らかになっている。

　市民講師を対象に、実際に市民の学習や活動の相談窓口となる生涯学習・社会教育機関で、2013 年 10 月から 2014 年 3 月まで、学習成果を生かす支援を体系的に行う試行が行われている[4]。

i）支援プログラムの構成

　支援プログラムは、これまでメンターにより行ってきた「学習歴、活動歴の振り返り支援」「目標づくり、実践プランづくり支援」「地域人材の認定と公開」に、「モチベーション形成支援」を加えて全体を体系化し、市民・学習者に幅広く学習成果の活用を促すとともに、一貫した支援をめざすこととした（表 4-3）。

ii）実施スキーム

　県民カレッジの試行事業として「出番づくり応援プログラム事業」を開催し、参加者を募り、学習成果を生かした活動の実践プランづくり、活動へのマッチング支援を行った。このなかで、支援プログラムの試行評価を行った。実施に

　4　富山県民生涯学習カレッジを窓口として実施した。実施の詳細は、地域 e パスポート研究協議会『地域の中核的な生涯学習機関における e ポートフォリオ・e パスポート活用の実証的研究報告書』（2014）を参照。

あたって富山県教育委員会、富山県公民館連合会、県民カレッジをはじめ、産学官で構成する研究協議会を組織した。

iii）実施時期と参加者

　市民から参加者を募集し、説明会とオリエンテーションを開催した。28名の参加があった。ワークシートを用いた学習歴、活動歴の振り返りと、その成果を生かすことへのグループディスカッションを行った。また、参加者全員に学習成果の活用に関するアンケート調査を行った。うち15名を対象に、2014年3月までの一斉プログラム、および個別プログラムを実施している。

iv）メンタリング

　全体説明会や発表会を除く各支援プログラムでは、6名の相談員（以下、メンター）に参加者を振り分けて担当した。その内容は次のとおりである。

- ・学習歴、活動歴の整理、振り返り、自己評価による学習成果の言語化
- ・成果の活用に向けた実践プランの課題提起、裏づけのための行動の促し
- ・実践プランの文書化の促し、レビュー

　振り返りと自己評価については、参加者自身がこれまでの学習や経験の積み重ねを順を追って説明し、自己理解や自己評価を自ら深めるストーリーテリング法を取り入れた。メンターは進行と傾聴の役割を果たしつつ、学習成果として言語化する支援を行った。全体をとおして、あくまでも参加者の主体的な行為を促すことに留意した。

v）実践プラン

　参加者は、メンタリングを受けながら支援プログラム参加の成果にあたる実践プランづくりをめざした。実践プランは、これまでの経験、学んできたこと、身につけてきたこと、活動してきたことを、自身や社会にどのように役立てるか、具体的な計画としてまとめるものである。この実践プランが、自身の経験や実績に裏打ちされていることを説明するため、これまでの学習歴、活動歴などを説明した資料を関連づけて加えることとした。さらに、取り組みにあたっての課題や自身のコンピテンシーをどのように理解し、課題解決に向けて現在どのように取り組んでいるか説明する資料も加えた。

vi）eポートフォリオ

　実践プランやその根拠とする関連資料は一度にそろうものではなく、支援プ

ログラム参加期間中もメンタリングを受けながら追加・更新される。これらの記録と更新を容易にするeポートフォリオシステムを提供した。一連の資料や映像が電子化された生涯学習キャリアシートとして記録・更新できるしくみである。支援プログラム参加者だけでなく、メンター側の連携にも役立てる。また、支援プログラム終了後も、いつでもどこからでも記録でき、継続的に活用できるようにした。

vii) 実践プラン発表会の開催と地域人材の認定

支援プログラムの最終回に、参加者が作成した実践プランについて発表会を開催した。活動の場や関係者に向けて、自身の言葉で実践プランを説明するプレゼンテーション形式で行った。支援機関より代表者が出席し、実践プランについて一定評価を得たものを地域人材として認定した。また、認定者は、県民カレッジ人材データベースに登録するとともに、パンフレットとインターネットを通じて、公民館など地域の活動の場に向けて広く案内した。この人材データベースには、発表会でそれぞれが行ったプレゼンテーション映像も配信し、地域人材の見える化に役立つショーケースとした。

(2) 実施結果

説明会・オリエンテーションを経て、支援プログラム参加者のうち14名が活動プランを発表した。7名がこれまでの活動を発展させ、3名が公民館や学習センター、学校などで新しい活動を始め、ほかの3名は関係機関と活動の検討を行っている。

i) アンケート調査による前後比較

支援プログラム参加者の前後比較を行ったところ、図4-9のとおりであった。

・学習成果を生かしたいと「強く思う」と答えた割合は、支援プログラム参加時の35.7%から終了時の64.3%と大幅に高まった。

・経験や実績をわかりやすく説明する資料は、支援プログラム参加前では用意していた者は18.7%にすぎなかったが、支援プログラムの過程ですべての参加者が用意している。

・また、学習成果を生かすための、県民カレッジや地域の公民館などへの問い合わせや相談については、参加前では57.1%が行ったことがないとして

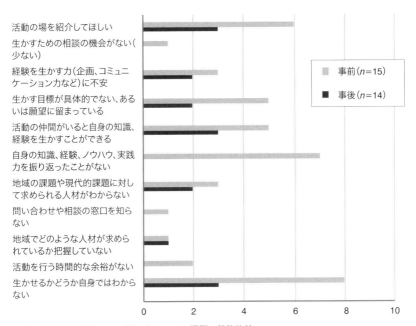

図 4-9　学習成果を生かした活動にあたっての課題の前後比較
（複数回答、単位：人）

いたが、期間中に参加者全員が問い合わせや相談を行っており、行動が積極的になったといえる。そのさい、支援プログラムのなかでまとめた資料が何らかの形で役立ったとした者は 88.9％であった。支援プログラム参加前では 14.2％だった。資料の用意と行動の不足がうかがえる。

・学んだことや経験を生かして活動する場の情報については、支援プログラムの参加を通じてほぼ全員が何らかの情報を得ているのに比べて、参加前は 33.3％が情報を得たことがないとし、支援機関への問い合わせや相談と合わせて、行動不足の表れである。

・学習成果を生かすうえでの課題意識についても比較した（図 4-9）。参加時には「生かせるかどうか自身ではわからない」や「生かす目標が具体的でない、あるいは願望に留まっている」とする回答が多い一方で、「活動の場を紹介してほしい」という要望も多かったが、これらは大きく減少した。また、参加時には多くが課題にあげていた「自身の知識、経験、ノウハウ、

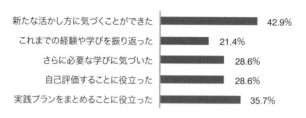

新たな活かし方に気づくことができた	42.9%
これまでの経験や学びを振り返った	21.4%
さらに必要な学びに気づいた	28.6%
自己評価することに役立った	28.6%
実践プランをまとめることに役立った	35.7%

図 4-10　支援プログラムの参加による効果
（参加者のうちの割合、複数回答）

実践力を振り返ったことがない」も、支援プログラムの過程で全員が取り
組んでいるため、終了時には課題に挙げられていない。これらのことから、
経験や学習歴の振り返りをもとに、その活用を具体的に実践プランに記載
する過程で、漠然とした不安が整理され、活動の場も具体化したと推察で
きる。

ii）支援プログラムの参加による効果

支援プログラム終了時に参加者に行った事後アンケートでは、「支援プログ
ラムへの参加によりどのような効果を得ることができましたか？」という質問
を行った。その結果、「新たな生かし方に気づくことができた」（42.9％）や「実
践プランをまとめることに役立った」（35.7％）などをあげる者が多かった（図
4-10）。参加者の半数近くが「新たな生かし方に気づくことができた」とする結
果については以降で後述する。

4.2.2　市民の出番づくりにおける課題の分析

（1）学習成果活用における市民の課題

これらの結果と支援プログラムの過程で収集した情報をもとに、学習成果を
生かす市民の課支援プログラム期間中のメンタリング記録をもとに、参加者の
課題を紹介する。

支援プログラム参加者の前後の比較から、メンタリングにより参加者の学習
成果を生かす意識が高まり、行動が具体化された。全体として支援プログラム
の効果とみることができるが、さらにその過程でみられた参加者の課題に目を
向けることが重要である。記録は対面、電話、eメールなどによる参加者との

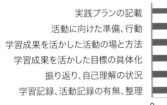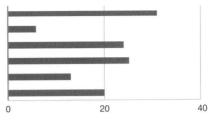

図 4-11　メンタリングによる課題指摘数
（単位：回）

相談の記録、実践プランの記載に対するレビューの記録である。それらの記録
から参加者の課題を六つのカテゴリーに分類し、課題の指摘回数を集計した（図
4-11）。これらに関するメンタリング記録と前記のアンケート結果をもとに、特
徴的な課題を整理した。

i）生かせるかどうかわからない
　「生かせるかどうかわからない」という不安の声を多く聞く。学習成果の達
成レベルと、生かしたい場が求めるレベルのいずれも把握できていない状況が
みられる。
ii）目標が大きすぎる、総花的、願望に近い、主体性に欠ける
　参加者のなかには、初めからテーマや目標が明確な者もいるが、多くは具体
性や自身の役割について課題があった。社会の状況に対する不安などを背景に、
主体性をともなわない目標を掲げている者がみられ、自身が取り組む目標とな
りうるかどうか検討されていない状況もみられた。また、自身の経験やコンピ
テンシーの振り返りと自己理解が十分とはいえない状況が多くみられた。一方
で、すべてが見通せる目標を模索し、いつまでも進展しない状況もみられた。
iii）学習成果を地域に一方的に生かそうとする意識がみられる
　目標に対して自身と他者・社会との関係性の検討が不足しているケースがみ
られる。それぞれが掲げたテーマには、地域の歴史、人、組織、関係施設など
が存在する。それらの状況についての理解がないまま、一方的に活動をもち込
もうとするものである。これらの背景には、地域の人との関係づくりが必要だ
ということへの意識不足がある。

活動の対象とする地域や関係施設に関する知識、理解は、資料情報やメンターからの説明だけでは十分ではない。実際に出かけて関係施設の職員や地域の人と接するという行動が少ないことも課題である。これらの情報を得ることで、掲げた目標について自身の知識や経験が十分かどうか、初めて具体的な検討を始める例がみられた。

iv）学習歴、活動歴に関する情報が整理されていない

　自己理解、活動目標の具体化、活動方法の検討など、さまざまな課題の背景に、学習歴や活動歴に関する情報の不足、整理の問題が多くみられた。なかには自身が公開するブログに、プロフィールとしてまとめている者もいたが、多くは記憶に頼った。情報もさまざまな資料として散在しており、そのままの状態では時系列やテーマ別に整理し、知識、スキル、ノウハウを俯瞰するには難しい状態であった。学習歴として修了証や資格証、そのさいのテキストなどを保存している者は多くみられたが、その学習をとおして得た知識と自身との関わりについてどう考えたか、どのような問題意識をもったか、そのことについて他者とどのような関わりをもったかなどは記録に残らないことが多い。これらの記録があれば再評価によって、新たな知識として再構築され活用できる可能性が生まれる。そのもととなる情報の不足は、自己理解や目標化などの課題の背景になっていた。

（2）　市民の課題をふまえた支援プログラムの効果と課題

　学習成果を生かそうとする市民のさまざまな課題に対して、支援プログラムの効果と課題について紹介する。

i）学習歴、活動歴の振り返り支援

　自身による経験や学習歴の説明を傾聴するストーリーテリングでは、参加者自身が説明することで、重要な知識を得た経験や意識を変えた経験を再認識し、セルフアセスメントとしてよい効果をもたらした。学習成果として言語化する支援では、参加者の説明のなかに含まれる実践知を、形式知やコンピテンシーに解釈し直すことに結びつき、新たな価値観に気づくことがみられた。とくに豊富な職業経験を経てリタイアした参加者には、プロフェッショナルな実践知をもつ者も多い。それらには長年の職業で培ってきた実践知が含まれ、分野を

変えて生かすことができる者もあり、実際に活用の対象に結びつく例がみられる。メンタリングによる言語化支援の役割は大きい。

ii) モチベーション形成支援

　このステップでは、上記の実践知を含めた学習成果の自己理解が前提となる。社会課題の多様化のなかで、市民自ら新たな地域サービスを起業するなど、自身の学習成果と他者や社会との関係性が、多様な価値観を創発する鍵となっている。

　学習成果がテーマや分野による「タテ」の深さであるのに対し、生かす場は地域・社会の多様性をもつ「ヨコ」の関係になる。このヨコの情報をいかに提供できるかによって、学習成果活用のモチベーションが左右されることがわかった。また、「タテ」と「ヨコ」の組み合わせによっては、ミスマッチも懸念される。メンタリングでは、「ヨコ」の情報にあたる地域の公民館や学校の人材ニーズはもちろん、基本的なしくみや運営の考え方に関する情報の提供も効果的であった。そのさい、情報の提供だけでなく、メンターが訪問先に連絡をとって趣旨を紹介し訪問を促すことが、取り組みへのモチベーションを高めた。対象となる施設への訪問は大きな意味をもつ。地域・社会が求めるニーズと自身の学習成果が結びつかない状況を改善するためにも重要である。

　「生かせるかどうかわからない」という回答には、漠然とした不安だけではなく、学習成果の達成レベルと生かそうとする場が求めるレベルを比較できる情報を得ていないことも背景にある。前者については、セルフアセスメントにおける評価尺度の提供が考えられるが、多様な実践知に対してどのような評価尺度をどのように得ることができるかは難しい面が多い。資格情報の提供を除き、今回の実践ではほとんどできていない。欧米では、職場での専門的な学習成果を大学の学習成果と同等に認定する制度が整備されていると報告されている。そのなかで開発されている、実践知の評価尺度に対応する基準と考え方に注目したい。「生かすことができるかどうか」、具体的なアセスメントの開発に生かされることが考えられる。

　また、「生かせるか、生かせないか」のいずれかではなく、学習成果をひとりひとりの成長過程のなかでとらえたい。メンタリングでは、参加者の記録したeポートフォリオをもとに、今後の達成目標のなかで現時点の達成レベルを

位置づけることで、新たな学習や学習成果の活用をめざすモチベーションが生まれている。

　このように、学習成果を生かすことへのモチベーション形成には、多くのロスが起こりうる。学習成果を生かす支援プログラムとして、このステップは重要な役割がある。

iii）目標づくり支援

　目標づくりでは、前記のようにさまざまな状況がみられるが、メンタリングによって相談者の主体性を損ねる恐れもある。この実践では、小さな経験の積み重ねを促したことが比較的よい結果につながった。地域のボランティア活動に初めて参加し、人のつながりを得たことで目標へと発展した例もあった。

　今回の支援プログラム参加者のなかで、市民講師をめざした参加者によい結果が多く生まれている。教える立場に立とうとすることで、自身の経験と照らし合わせた地域ニーズの意識を促し、セルフアセスメントとしても効果的に機能したものである。

iv）実践プランづくりの支援

　多くの参加者には不得手なステップであった、活動方法の検討に多くの課題がみられる。活動の対象とする地域や関係機関に関する知識、理解の不足とも関連する。対象地域の仲間を集め、ともに活動するという視点や、自身は前面に出ず関係施設の人を応援する役割など、柔軟な検討を求めたケースがいくつもあった。実践プランの記載も不得手な者が多かった。省察や学習成果としての再評価を経た情報は、可視化されてこそ初めて生かされる。文書化の支援には時間を要するが重要な役割といえる。

v）eポートフォリオの活用

　この実践で活用したeポートフォリオは、生涯学習キャリアシートとしての活用もめざしたものである。既存の実績や能力だけでなく、それらを今後に生かそうとする実践プランもこのキャリアシートに記録する。キャリアシート自体、地域人材として第三者機関によって認定された人材の見える化に効果が期待できる。加えて、キャリアシートを作成するプロセスに、さまざまな可能性がある。前者が社会的評価から見た活用であるのに対し、内省や経験の再評価などを行うプロセスに活用するのは、自己志向による内面的な活用ということ

ができる。山川［1996、2002］は、ポートフォリオの自己志向的活用が、持続的な経験学習に役立つと指摘している。この内面的な学習と社会的な文脈での学習成果活用の模索として、eポートフォリオはメンタリングでも重要な情報ツールといえる。

　この実践では、参加者が学習成果の活用をめざすなかでのさまざまな課題をみてきた。その課題と過程に沿った支援プログラムの役割は重要である。しかし、支援プログラムの効果として参加者がもっとも多くあげたのは「新たな生かし方に気づくこと」である（図3-9）。これは、支援プログラムの各ステップで、「他者・社会からみた多様な価値観」に接していることが、重要な意味をもったと考えられる。つまり、市民が考えていた学習成果とその活用の価値観だけでなく、新たな付加価値への気づきが促された結果だと考えることができる。

　今日、学習成果の活動を促進することは、多様な人材の顕在化でもある。市民のもつ多様な経験や知識の新たな付加価値に、市民自身が気づくことをどのように支援できるか、その過程でみられる市民の課題をふまえることができれば、本支援プログラムの可能性は大きい。

　この実践で得た評価と課題をもとに、とくに学習者との接点を多くもつ公民館や生涯学習センターの相談窓口で支援プログラムが生かされるよう、体系化を図ることが望まれている。また、相談員やメンターなど、支援にあたる人材を育成するためのカリキュラムについても開発する必要がある。これらについては現在、大阪府茨木市で取り組みが続けられている。

4.3　地域人材認定地域モデル

　地域人材の認定が、市民・学習者にどのような効果をもたらすか、またどのような課題が生じるかを実践事例として紹介する。2012年に、ICTふるさと学習推進員およびeメンターを対象に、実際に地域の産学官で構成する地域人材評価・認定機関を設立し、学習成果を生かした地域活動をめざす市民を対象に、試行的に評価・認定を行っている[5]。

5　平成24年度文部科学省委託事業「社会教育による地域の教育力強化プロジェクト」として

（1）ショーケースを使った評価モデルの開発

　ショーケースは、これまで培ってきた学習成果をおもに外部の対象者に効果的に提示し、学習者の能力を的確に理解してもらうための、公開可能な電子ファイルである。

　試行で開発したショーケースは、表4-4のように4項目で構成した。「わたしの成果」は、自身の実績・成果を事実に基づいて客観的に示す項目であり、いわば結果である。これに対して、「わたしのビジョン」「わたしのコンピテンシー」「わたしのアクティビティ」は、主観的な考えと経過的な状況を含む項目であり、いわばプロセスを表す項目である。

　このように、試行のショーケースは「成果」と「プロセス」の二つの面を合わせもつことから、その評価モデルもそれぞれに対応するものとした（図3-11）。つまり、①学習・活動の成果への評価（成果に対する評価）と、②取り組みへの意識や活動状況への評価（プロセスに対する評価）、の二つの観点を評価するものである。

　①は、学習歴や履修実績、活動歴と活動成果、取得した資格やスキルを評価の内容とした。また②については、ビジョン（学んできたこと、実践してきたことをどのように役立てようとしているかという将来への展望）、コンピテンシー（社会的に求められる能力について自己理解し、その向上に向けて努力しているか）、アクティビティ（ビジョンの実現に向けてどのような取り組みをしているか、実現への意欲はあるか）の3点を評価の内容とした。

　この試行で用意したショーケースは、これらの項目を電子的に記載でき、公開可能な電子ファイルである。市民は、インターネットを通じてこれを記載し、地域人材として評価・認定を受ける。ショーケースの内容については、学習や活動の事実を示す根拠が求められ、そのためeポートフォリオに記録された情報を提示する。また、より客観的な記載を行い、効果的に他者に説明することを求めている。

　評価を行う側は、インターネットを通じてショーケースにアクセスし、記載された内容や、その根拠とされている情報を評価基準に照らし合わせて評価す

実施した。実施の詳細は、地域eパスポート研究協議会『地域人材の育成とeパスポートによる地域人材活用ネットワーク形成事業実証的共同研究報告書』(2013) を参照。

表 4-4　試行評価のショーケース

わたしの成果	活動の取り組みとして、学んだ成果やキャリアを記入する。 ①実績（これまでの履修、活動実績や動機） ②これまでに学んだこと（これまでの活動から学んだこと） ③活動に関するトピック
わたしのビジョン（目標）	「わたしの成果」を生かしてどのような活動を目指すか記入する。 ①目標 (達成されること) ②自身の役割（自分が主体的に担うこと） ③他者との連携 (協力を期待したい、他者に担ってほしいこと)
わたしのコンピテンシー	キー・コンピテンシーに照らし合わせた自己評価を記入する。 ①自分を高める力（自律的行動力） ②人間関係を作る力（人間関係形成力） ③道具を使う力（情報技術・道具活用能力）
わたしのアクティビティ	目標に対し、実現に向けてこれまでのどのようなことに取り組んで来たか、今後どのようなことに取り組んでいくか記入する。

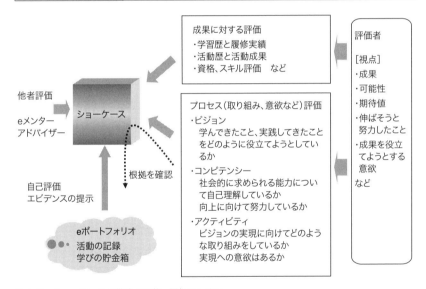

図 4-12　ショーケースの構成と記載、評価のしくみ

るしくみである（図 4-12）。

(2)　実施体制

i)　評価委員会の構成

　地域人材としての認定を行い、地域 e パスポートへの登録と発給を行うために、地域 e パスポート認定委員会を設置した。構成は、今回の認定の対象とし

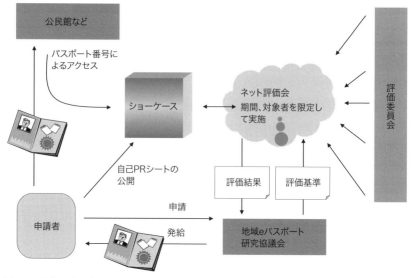

図 4-13　評価認定の実施体制

た ICT ふるさと学習推進員やeメンターの活動分野に関する関係機関とした。

ii）実施方法

　評価委員は、インターネットを通じて申請があった申請者のそれぞれの
ショーケースを閲覧し、評価基準をもとに評価点とコメントを記入する。評価
にあたっては、申請者が「どのようなビジョンをもって」「何をしたいと思っ
ているのか」「そのためにどのような取り組みを行なってきたか、また現在行っ
ているか」などについて、たんに記載されていることのみではなく、エビデン
スとなる記録や資料も確認する（表 4-5）。

　また、評価に公平を期すため、評価の手順を明確に定めた。申請者ごとに複
数の評価委員が担当し、それぞれの評価委員は評価の結果を評価シートに電子
的に記載して事務局に報告する。全員の評価結果が出された段階で、評価委
員会を開催し、申請者の最終評価を審議し、評価結果を地域eパスポート研究
協議会に提案する。地域eパスポート研究協議会は、この評価結果にもとづき、
地域人材として申請者の認定を行い、地域eパスポートの交付を行う。

　これらについて、次の手順で実施した。

表 4-5　評価の視点と評価対象の情報（ICT ふるさと学習推進員）

	評価の視点	評価項目	対象とする記録、情報
成果	ふるさとに関する研修などの受講実績 関連する活動の実績 ・市民塾での講座開催 ・公民館、図書館等での発表、講演、セミナー講師 ・コミュニティの結成、運営	受講回数、内容 ＊ふるさと学習推進員 養成コースの習得内容 および修了基準は別紙 参照 活動回数、内容（参加者 日数等）	・自己ＰＲスライドの「わたしの成果」 「わたしの成果」に書いてある内容は、根拠となる記録によって裏づけられているか ・「私の経歴」の各項目
ビジョン	ふるさと学習推進員として、学んできたこと、実践してきたことをどのように役立てようとしているか その目標とプランはあるか	ふるさと学習推進員としての明確な目標 成果（これまで学んだこと、活動の実績）を生かす関連づけ	・自己ＰＲスライドの「わたしのビジョン」 「わたしのビジョン」に書いてある内容は、根拠となる記録の「長期目標」の記録によって裏づけられているか
コンピテンシー	ふるさと学習推進員として活動していくために社会的に求められる能力 ・自律的な行動力 ・人間関係形成力 ・情報・技術の活用力	能力の習得状況 自己理解と向上への努力	・自己ＰＲスライドの「わたしのコンピテンシー」 「わたしのコンピテンシー」に書いてある内容は、根拠となる記録の「コンピテンシーチェック」の記録や実施時期の比較による向上の状況によって裏づけられているか
アクティビティ	ビジョン（目標）の実現に向けてどのような取り組みをしているか	短期目標の設定と計画 具体的な取り組みの回数と内容	・自己ＰＲスライドの「わたしのアクティビティ」 「わたしのアクティビティ」に書いてある内容は、根拠となる記録の「短期目標」「活動の記録」「学びの貯金箱」の記録によって裏づけられているか

・地域活動実践研修

・ショーケース（自己 PR シート）作成指導

・評価委員会の開催と地域人材の認定

・地域活動支援

　期間中、e メンターが学習の取り組みやショーケースの作成、活動の支援を行っている。

自己 PR シート（ショーケース）の作成にあたって、学習・活動の振り返り、自己理解にもとづく新たな活動の目標化、目標への取り組みなどのメンタリングを行った。

i) 評価委員会の開催

　地域人材の認定を求める申請者から提出があったショーケース（自己 PR シート）について、評価基準（表 4-5）に照らし合わせて評価を行った。

　申請者が作成したショーケースにアクセスし、評価点を報告する「ネット評価会」として実施した。実施にあたっては、申請者の個人情報などの守秘義務とセキュリティ対策措置を講じて行っている。

　第 1 期評価委員会は、2012 年 9 月に評価委員 6 名により、申請者 8 名の評価を実施、第 2 期は、2013 年 2 月に評価委員 8 名による、申請者 3 名の評価を実施した。

ii) 活動支援

　地域 e パスポート所持者が公民館や学校などでの活動に結びつくよう、富山県民生涯学習カレッジ、富山県公民館連合会、富山インターネット市民塾がネットワークを形成し、活動機会の創出や活動内容などをフォローする支援を行った（4.4 節で詳述する）。

　認定を受けた市民講師については、提示されたショーケース情報を、富山県民生涯学習カレッジの人材データベースに登録した。写真や映像など、さまざまな表現により、従来の文字情報による紹介と比べてわかりやすく、人材についてイメージしやすいものとした。この人材データベースは、富山県内の公民館や社会教育施設が広く活用する、富山県の中核的な情報提供の役割を担っている。

(3) 実施結果

i) 地域人材の認定

　各評価委員からの評価結果をとりまとめ、認定会を開催し評価基準を満たした認定者を決定した。結果的に第 1 期 8 名、第 2 期 3 名の計 11 名が ICT ふるさと学習推進員として地域人材の認定を受け、地域 e パスポートを交付された。

　地域 e パスポート（図 4-14）は、旅券のパスポートと同じサイズでつくられており、認定を受けたことを証明するページと、地域で実際に活動を行ったさいに、その実績を記載するページで構成されている。

　地域 e パスポートの交付と合わせて、認定にあたった評価委員全員の評価の

図 4-14　地域 e パス
ポート

図 4-15　認定バッジ
地域人材についての説明表示（株式会社インテックより提供されているシステムのサンプル画面）

コメントと、地域の活動の場に向けた「推進のことば」が、認定者全員に伝え
られた。

ii）認定バッジの発行
　今回認定を受けた市民講師には電子的に認定バッジが交付され、自身が開催
する講座の紹介ページなどに表示される（図 4-15）。地域人材は、地域で新しい

活動を行う人材として、富山県民生涯学習カレッジ、富山県公民館連合会、富山インターネット市民塾の3者がともに認めた人材であり、その証としてバッジを交付することにより、人材について地域などに告知するものである。

画面上で認定バッジをクリックすると、地域eパスポート研究協議会による認定の事実が表示される。

4.4 市民の地域デビューを応援するネットワークづくり

市民の地域デビューを応援するために、地域人材の育成と活動支援のネットワーク化をめざした実践を紹介する。

4.4.1 実践のねらい

（1）地域人材育成・活動支援の現状と課題

地域活動に貢献する地域人材の育成は、さまざまな社会教育や生涯学習の場においてこれまでも行われてきたが、地域活動の現場にて、育成した地域人材が必ずしも十分活躍できていない状況であった［地域eパスポート研究協議会 2014］。その原因としては次のようなことが考えられる。

・地域人材を育成する場と、地域人材が活躍する場がつながっておらず、育成した地域人材についての情報が、公民館等、地域人材が活躍する場と共有するしくみがなかったこと

・現場のニーズに合致した地域人材を、それぞれの施設が育成しきれていないいこと

・個が自らの学びの積み重ねを振り返り、自己評価と他者からのアドバイスを得て、地域活動に役立てるビジョンをつくる力を養成することに十分目を向けてこなかったこと

（2）地域人材育成・活動支援におけるeポートフォリオの活用効果

現場のニーズに合致した地域人材を育成するためにも、人材を育成する施設どうしがそれぞれ得意とすることをもち寄り、補いながら、質の高い人材の育成に努めることが重要である。前述のように、インターネット市民塾では、

ICTふるさと学習推進員、eメンターの養成に、eポートフォリオとショーケースの活用を行った。eポートフォリオの活用の効果として、学習や地域活動の記録の蓄積と実績の登録、他者評価を通じて、自己の能力に対する振り返りと自己評価がより深まり、学習に対する意欲や継続性に有効であることが明らかとなった。また、ショーケースを活用することで、学習の成果を地域課題や身の回りの活動に対してどのように役立つかについて考えを深め、自己の学びを地域活動や第三者の視点で客観的に評価することにつながった。このように、地域活動を支える質の高い人材の育成にeポートフォリオとショーケースの活用は効果が高いことから、地域人材の育成の場でのeポートフォリオ、ショーケースの活用を進めていくことが重要である。

　また、育成した地域人材についての情報を、地域人材が活躍する公民館などの現場に伝えるためには、地域人材がどのような能力をもち、地域活動に貢献できるのかなどの人材情報を広く共有し、地域人材の情報をもとに、人材を求める側と地域人材とをマッチングするしくみが必要である。

（3）ネットワーク化の必要性

　そこで、地域人材の情報をできるだけ多く関係機関に提供するためにも、人材情報を地域eパスポートの形式で統一することをめざし、ワンストップで地域人材の検索、照会を行うことができる地域人材情報ポータルサイトの構築によって、広く人材情報を共有化することが考えられる。時間や場所の制約を受けることなく人材を検索できるしくみを構築できれば、人材を求める側にとっての利便性が高まり、登録された地域人材の発掘にも有効である。

　共有した人材情報は、地域eパスポートの形式での統一をめざすほか、人材情報に対する信頼性を高めるためには、社会教育や生涯学習の専門家による厳正な認定が求められる。ショーケースをもとに認定を行うことで、活動や学習の記録、活動実績などのエビデンスにもとづいたより客観性、信頼性の高い人材評価を行うことができる。また、厳正な認定を行ったことを、教育委員会や社会教育機関を含めた地域が一体となって保証することで、人材や人材のもつ能力に対する社会的な通用性を増すことが期待できる。

　地域人材情報ポータルサイトと地域eパスポートによる人材マッチングに加

え、地域eパスポートの認定を受けた地域人材が地域の公民館や生涯学習施設などで、人材の能力を生かした活躍の機会が設けられるよう、公民館や生涯学習施設のニーズと、個々の人材の特性に応じた地域人材の紹介、斡旋もあわせて行うことで、人材マッチングの効果が高まる。

(4) ネットワーク化の目標
　これらの課題をふまえ、関係機関のネットワーク化を図ることで、次のように地域人材の育成と活動支援のネットワーク化をめざすこととした。
　・地域人材育成のネットワーク化
　　既存の地域人材育成、社会教育事業のレベルアップと相互連携を図り、公民館、学校などにて地域人材の活用を行うことができるよう、人材育成のネットワーク化を図る。
　・地域人材の学習成果を地域で生かすためのネットワーク化
　　育成した地域人材が、公民館や学校など地域のさまざまな場で地域人材として生かされるよう、育成機関と人材活用を行う公民館が連携し、活動を支援するネットワーク化を図る。
　これまで個別に人材育成を行っていた社会教育、生涯学習が連携し、人材育成においてeポートフォリオとショーケースの活用を行うことで、地域活動をとおして地域課題の解決に資する能力をもち、課題解決への参画意欲の高い人材の育成に効果を上げることが期待される。
　とくに、人材育成にeポートフォリオとショーケースを活用することで、自己の能力に対する振り返りと自己評価がより深まる。学習の成果を地域課題や身のまわりの活動に対してどのように役立つかについて考え、地域活動に役立てるビジョンをもつ社会教育、生涯学習の推進人材の育成につながるものと考える。
　また、地域人材情報ポータルサイトによる人材情報の提供と、地域eパスポートの形式での人材情報の統一化をめざすことにより、人材を求める側にとっての利便性が高まるだけでなく、優れた地域人材の発掘と、地域活動との人材マッチングに有効に機能すると考えられる。同時に、社会教育や生涯学習の専門家による厳正な認定を行い、教育委員会や社会教育機関を含めた地域が一体

となって保証することで、人材情報に対する信頼性を高まるとともに、人材や
人材のもつ能力に対する社会的な通用性が増すことが期待される。

4.4.2　実施概要

　このように、地域人材の育成と活動支援のネットワーク化により、市民・学
習者が学習成果を生かした活動に結びつく効果的な支援が期待されるが、実際
にどのような効果が生まれるか、またネットワーク化によりどのような課題が
生じるか、実際に試行を行い実証的に評価することとした。

　実施にあたり、2012 年 9 月に富山県民生涯学習カレッジ、富山県公民館連
合会、富山インターネット市民塾、地域学習プラットフォーム研究会による「地
域 e パスポート研究協議会」を発足した。これらの機関が連携してネットワー
ク化を進める態勢づくりを行った。

(1)　地域人材を育成する既存の社会教育事業のネットワーク化

　本実践評価では、富山県民生涯学習カレッジ、地域の公民館、富山インター
ネット市民塾のそれぞれで受け入れている学習者、地域活動実践志望者、活動
支援人材を対象に、育成受け入れのネットワーク化を図り、地域活動の実践に
結びつく研修を実施した。

　地域活動実践研修では、これまで育成後に活動に結びついてこなかった理由
を検討し、実践の場としての公民館、学校、地区センター、富山インターネッ
ト市民塾の、それぞれの機関より講師を招聘し、育成プログラムを開発した。
公民館での活動の状況や課題については、富山県公民館連合会より、学校や地
区センターの状況や課題、ニーズについては、各機関を経験した小学校長より、
現場の視点で学ぶ内容とした。

　活動の広がりや活動成果の発信力の課題については、インターネットを利用
した学習活動を広げている富山インターネット市民塾の専門講師により、ICT
を効果的に活用する考え方やウェブコンテンツの制作に結びつく実践力の育成
を行った。

　地域活動の発信を支援する側にも研修を実施した。富山県内の全公民館が
ホームページを持ち、地域の活動を発信する「とやま公民館学遊ネット」[6] に

ついて、このシステムを運用する富山県民生涯学習カレッジより活用方法の研修を盛り込んだ。

　これらの育成プログラムは、富山県がふるさと教育を進める人材育成事業として、富山インターネット市民塾を通じて実施している「ICT を活用したふるさと学習推進員認定講座」に盛り込むかたちで開発した。

　育成プログラムの受講者には、自らの学習成果や活動の実践を振り返り、地域での活動にどのように役立てるかを考える機会を重視し、そのツールとして e ポートフォリオの活用を促した。また、ひとりひとりが検討した活動プランと、その背景とした学習成果や活動実績を活動の場にわかりやすく示すショーケースの作成を行った。

(2) 地域人材の学習成果を地域で生かすためのネットワーク化
　上記で育成した地域人材が、さまざまなかたちで地域の活動に生かされるよう、地域人材の認定のネットワーク化、関係機関の情報の共有、マッチングのためのネットワーク化に取り組んだ。
　・地域の関係機関が合同で地域人材を認定
　　地域人材認定のネットワーク化については、前述のとおり、活動の場である公民館、学校、地区センター、インターネット市民塾等の各機関および大学から構成する評価・認定機構を設置することから始めている。地域人材の認定は、地域での活動を志望する者がショーケースを通じて示す活動プランやその背景とした学習成果、活動実績等を、評価・認定機構が評価し、基準を満たした者に地域 e パスポートを発行する。その評価にあたって、評価・認定機構に参加する機関それぞれの視点で評価したうえで、ともに認め合うかたちとなる。図 4-15 の認定バッジについても、同様に地域の関係機関がともに認めた証としての意味をもたせるものである。
　・地域人材の情報共有と見える化
　　地域人材に関する情報の共有化については、すでに富山県民生涯学習カレッジが運用する「とやま学遊ネット」[7]に人材データベースが機能して

6　「とやま公民館学遊ネット」は、富山県内のすべての公民館がウェブサイトをもち、情報発信できるようにすることをめざしている。http://www2.tkc.pref.toyama.jp/kouminkan/

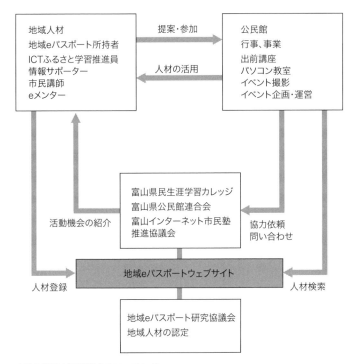

図 4-16　人材の認定と活動機会のマッチング

いる。富山県の社会教育・生涯学習に関する指導者や支援人材の情報を総合的にとりまとめ、データベースとして運営している。この人材データベースに地域人材認定者を登録し、情報の共有化を図ることとした。

　この登録では、地域人材の認定にあたって市民・学習者が作成したショーケースを活用することとした。ショーケースには、地域人材の認定の背景となった学習成果や活動実績の情報、活動プランなどとともに、そのプレゼンテーションを収録した映像も含まれ、活動プランや実績をわかりやすく示すこととした。

・ウェブサイト（ポータルサイト）の開設

　地域人材の認定や地域 e パスポートの発行について、地域に浸透させる

7　「とやま学遊ネット」は富山県内の生涯学習に関する総合情報サイト。本書で紹介している
　地域人材のショーケースに相当する。http://www4.tkc.pref.toyama.jp/

ため、地域eパスポートウェブサイトを開設し、普及啓発を図ることとした（図4-16）。

　地域eパスポートウェブサイトは、富山県民生涯学習カレッジの人材データベースと情報連携するしくみを構築した。

　これらの情報を活用する側にも働きかけを行うこととした。富山県公民館連合会を通じて、富山県内の公民館320館にこれらの情報の周知を進めた。また、富山県民生涯学習カレッジでは、地域の公民館などからのさまざまな相談を受けており、そのなかで公民館などに人材情報データベースを実践的に活用した相談対応を行うものである。

・地域人材の活動の場とのマッチング

　富山県民生涯学習カレッジ、富山県公民館連合会、富山インターネット市民塾の3機関に、実践志望者の相談窓口を設置し連携態勢を整えた。活動の場を相互に紹介するネットワークとして機能させるものである。上記の相談窓口の担当者によるメーリングリストを開設し、市民・学習者からの相談情報や、公民館などの求人情報を共有する態勢づくりを図った。また、相談に訪れる市民・学習者には、地域eパスポートに記載されているキーコードをもとに、いずれの機関でもショーケースを通じて詳細な情報を確認することができ、相談の均質化と連続性の確保をはかった。

4.4.3　実施効果

（1）認定者の認定後の活動状況

　ICTふるさと学習推進員として認定した11名中6名が、地域人材としての活動を継続的に行っている。ほかにも4名が公民館での活動について照会を受けており、ネットワーク化の成果を上げている。

　地域活動実践研究受講者に修了後アンケート調査を行い、ネットワーク化による研修の効果を確認した。地域活動研修により、公民館に対する理解が深まり、公民館や地域への接し方や具体的な取り組みへの期待がもてることがうかがえる。

　一方、地域活動実践研修に各機関から派遣された講師にアンケート調査を行ったところ、各機関の位置づけや役割、連携の方法などを、組織を越えて受

講師に伝えることができたことへの評価が高かった。また、地域人材のニーズを把握する機会としての評価もみられる。

(2)　地域人材の認定と活動支援の効果

　次に、地域人材の認定や認定後に関係機関が連携して支援するしくみについて、活動にどのように役立つかアンケート調査を行ったところ、地域eパスポートにより地域人材の活動がさまざまな組織の連携によって支援されることへの期待が示された。

(3)　生涯学習・社会教育機関からみた活動支援の効果

　社会教育、生涯学習機関に対し、本試行調査で構築した認定者の活動を支援するしくみについての期待を調査した。それによると、地域人材と活動機会のマッチングの基盤となることへの期待や、関係機関の間で活動機会を共有し、求める人材の活用機会が増えることへの期待が高い。これまで関係機関の間の情報共有の必要性を強く感じていなかった面が、今回の試行評価でその必要性が顕在化したと考えられる。

　実際に、地域人材が活動機会に結びつくことに、活動機会のマッチングや人材のコーディネートの成果が現れ始めている。その具体的な事例として次の二つを紹介する。

　ICTふるさと学習推進員（滑川市在住）のCさんは、2012年より滑川の活性化をテーマとした「滑活交流会」を主催している。地元の方を講師に迎えた講座や自然探索や祭り、スポーツなどの文化イベントを開催して、滑川市民の交流の促進と滑川ファンを増やすことを目的に活動している。Cさんはこの活動の運営に役立てようと、インターネット市民塾が開催するICTふるさと学習推進員認定講座（2012年11月～2013年1月）を受講した。

　滑活交流会の2013年度のイベントは5月から第一弾が始まる予定で、これに先立ってCさんは地元公民館との連携を強く希望している。2013年度の活動計画のなかにふるさとをテーマにした学習会を企画して、公民館との協業を望んでいる。

これらの情報を関係機関で共有するとともに、現在は公民館との交渉準備のため、地域 e パスポート研究協議会と公民館連合会がコーディネート役となり、C さんと公民館の調整を行っている。

　富山県立山町では高齢者、とくに男性の引きこもりによる要介護、要支援者の増加への対策として、タブレット PC を活用した介護予防教室を開きたいと考えていた。地域に適切な講師が見つからず、人材を求める情報を発信していたなかで、富山市を拠点に、高齢者の ICT 活用を支援するサポーター活動のリーダーとメンバーを紹介したところ、立山町への出前講座の講師として活動が始まった。
　活動では、スマートフォンやタブレット PC を使って、高齢者の興味関心を引き出し、教室への参加を促し、さらには地域の情報への関心を高めようと進められている。働きながら活動を続けるこのリーダーとメンバーは、富山市での 2 年間の実践ノウハウを有しており、異なる分野にもかかわらず、立山町にとって重要な地域人材となっている。

　これらは、市民から社会教育施設との連携を望む声が上がったことを受けて、活動を支援した例であるが、各機関が求める人材とのマッチングも期待される。
　活動機会のマッチングのためには、社会教育施設側からの求人情報の一元化も求められるところである。この点について社会教育施設へのヒアリングでは、これまではその必要性を感じてこなかったが、今後は重視していきたいとしている。その背景には、それぞれの地域の範囲内でできる事業、各機関が主催して完結する事業が多かったことから、ほかの機関とこれらの情報を共有する意味が少なかったことがあげられる。
　2011 年度に富山県民生涯学習カレッジが運営する「とやま公民館学遊ネット」が運用を開始し、富山県内の全公民館のウェブページが用意されたことで、ほかの公民館がどのような事業を行っているか意識するようになった。
　高齢化、情報化、国際化など、さまざまな変化のなかで、社会教育事業も現代的課題をとらえた多様な人材の活用が求められている。地域内の人材、関係

機関主催では対応しにくい事業も増えるなか、求める地域人材に関する情報共有への意識も高まってきているとみることができる。

4.4.4　効果と課題

(1) 育成プログラムのネットワーク化

　富山県内各地の公民館などの社会教育、生涯学習や学校教育の現場では、ふるさと教育に関わるさまざまな活動が、地域人材の参加のもと行われている。公民館では、県の委託を受けて2008年度から実施されている地域の子どもたち（親子活動・世代交流活動を含め）を対象とする自然体験事業をはじめ、内容は多岐にわたる。富山県民生涯学習カレッジでは、郷土の自然、歴史、文化、産業、生活などについて学習を深めている生涯学習団体などが、2010年度から2年間にわたって「ふるさととやま発見教室」を開催し、地域の親子や住民がふるさとの魅力を再発見し、郷土への誇りや愛着を深める機会を提供している。このように、年間を通じた継続的な企画が増えてくるのにともない、事業を指導し支援する地域人材のニーズが質、量ともに高まっている。

　一方で、地域で活動する指導者や身近な魅力を学ぶ教材や機会が少ないという課題も見つかった。指導者育成について、知識はあるが教材がない、協力者がいない、一歩が踏み出せないといったハードルがみえてきた。

　今回、地域人材の活動を支援する関係機関が連携し、人材育成に取り組んだことは、このような地域における学習活動の広がりの状況に合致するものとして大きな効果、何よりも将来的な可能性をもつと考えられる。それぞれの機関や団体がどのような地域人材支援を行っているのか、どのような地域人材を必要としているのかを、これから活動を行っていく地域人材はもちろん、関係機関どうしにも知らしめることができた。活動を展開しようとしている地域人材がどのような支援を求めているのか、どのような課題をもっているのかという点についても機関側に明らかとなり、この人材育成の「相互性」の有効性が確認できたことも大きい。

　公民館職員もeパスポート取得に取り組んだ。社会教育従事者としての「教育的ニーズ観」を離れて、幅広く自発的、独創的、専門的、草の根的な地域活動がさまざまな人々によって進められていることを体験できたことは、公民館

活動の活性化・改善、発信力向上に、発想を大きく広げる効果があった。スクーリングやウェブ上での研修をとおして、このような「業種」を越えた地域へ主体的に関わりをもとうとする人材のネットワークができていくことは、今後の社会教育活動にとってきわめて大切なことである。

　公民館職員、支援人材のICTを活用した情報発信の実践力の向上や、とやま公民館学遊ネットを活用した活動の広がりが増しているとの評価が得られた。2011年度末に県下全公民館が参加する「とやま公民館学遊ネット」が稼働したことを機に、公民館職員や事業支援関係者にICT活用の必要性についての認識や発信力を高めることへの意識が高まっていたこともあって、HP活用研修などによって地域活動情報の発信、収集にかかわる実践力の向上に大きな効果を発揮した。その結果、公民館相互の事業開発情報交換や協力などが、従来の「近隣」の枠組みを越えて進みつつある。

　一方、プログラムに参加した地域人材は、ICTの活用研修を受講したことで、地域に対してICTを活用した活動の広報が行えるようになり、活動に加わる人の和の広がりが生まれ始めている。また、地域活動を展開する場である公民館や学校の職員から、地域人材が関わるさまざまな取り組みや、地域人材のニーズについて、直接講習を受けたことで、公民館や学校の地域活動に参加するために必要な知識に加え、公民館や学校のニーズにあった地域活動のイメージがより具体的になり、地域での活動に結びつく実践力が身についた。

(2) 学習成果を生かそうとする地域人材のeポートフォリオ活用効果

　地域人材として自身の経験、成果を振り返り、地域活動のテーマ、目標、実績などをeポートフォリオのショーケースとしてまとめたことの効果として、自身の持ち味や得意分野を再認識する機会となったこと、学んだことを生かした活動目標づくりに役立ったことがあげられた。また、目標に対し、関係機関の支援を生かして地域活動の取り組みをより具体的に計画できたとの声もあった。また、地域人材の認定とショーケースの公開については、関係機関の支援や活動の場の提供など活動機会の広がりにつながる取り組みとして評価された。

（3）地域人材の評価・認定による人材の顕在化と人材情報の一元化の評価

　eポートフォリオによるひとりひとりの学習成果のまとめや、eパスポートによって示された学習成果と活用の目標は、学習成果を積極的に生かす意識向上と、これを支援する社会教育、生涯学習機関の役割のうえで、重要な情報であるという指摘があった。本試行評価で、地域人材が地域活動のテーマ、目標、実績などをショーケースとして作成、公開することにより、多様な人材情報の集約化、人材情報を発信するしくみに、重要な役割を果たしたといえる［柵ほか 2014］。

　ショーケースにより公開される情報が従来の人材バンクで扱われる人材情報に比して大きく相違している点は、リストアップされている地域人材ひとりひとりの「個性」「人となり」がうかがえるということである。eポートフォリオのショーケースにあるテーマ、目標、自身の経験や取り組みへの努力は、人材を求める地域の社会教育・地域づくり関係者側に、大きな「地域を思う仲間と感じられる」「顔が見える」効果をもたらした。地域人材の活動を支援する関係機関にとっても「胸を張って」紹介できることのメリットは大きい。

　公民館や学校などで行われる地域に密着した学習活動は、テーマで学ぶという側面よりもエリアで学ぶという側面が強い。したがって、指導・支援者として求められる人材は、地域の実情・実態や課題の共有者・理解者であること、平生から地域人として生活・行動をともにしている者であること、地域の人々からその活動ぶりや実践、業績が日常的にみえていることなどが大きなウェイトを占める。

　このような地域へのマッチングという点から、ショーケースというかたちによるひとりひとりの活動動機、目標設定、活動のための学習・研究実践、成果のまとめや指導意欲の公開は、文字で紹介されるその人材の特性、分野などを補完するというレベルを超えて、ネットワークとして活用されていくための大切な要素であることが明らかとなった。この、人材の情報に「血を通わせた」という点で、本事業はふるさとを学ぶ学習活動を支援する地域人材情報ネットワークのあり方に大きな示唆を与えるものとなった。

　地域人材の活動を支援する関係機関が、地域人材の特性、分野、スキルを把握できることで、地域人材と活動機会とのマッチング効果を上げるため、富山

県教育委員会が運営している「とやま学遊ネット」に人材情報の集約化を行った。このとやま学遊ネットから、地域eパスポート所持者の講師検索がわかりやすくできるようになった。「とやま学遊ネット」からも簡単なキーワードでeパスポート所持者がリストアップできることで、今後は地域eパスポートの認知度の向上が期待される。

　加えて、富山県民生涯学習カレッジ受講生の講座受講歴を管理してきたカレッジ・カードと、インターネット市民塾が運営するeポートフォリオシステムとの連携を行うことで、学習記録の集約化とショーケースによる学習記録の情報発信のための基盤が整った。今後、ほかの社会教育、生涯学習機関に蓄積された学習記録の集約化を進めることで、マッチングの精度向上や、社会教育、生涯学習機関での人材育成が、地域活動の充実につながる可能性が高まる。

　人材情報や活動機会情報の共有が進むことで、生涯学習、社会教育機関が求める人材の活用の可能性が増すとの期待や、地域活動をコーディネートすることに対する期待が明らかとなった。実際に、ICTふるさと学習推進員の認定を受けた11名中6名が、地域人材としての活動を継続的に行っている。ほかにも地域人材のうち4名が公民館での活動について照会を受けており、地域人材の学習成果を生かすためのネットワークが成果をあげていると認められる。

(4) 人材活用（マッチング）のネットワーク化の効果

　生涯学習における学習成果が適切に評価され、社会において幅広く通用するための環境を整備することが求められている。学習成果を活用する場とのマッチングが必ずしもうまくいっていないというのが現状である。

　こうした状況のなか、ICTふるさと学習推進員の認定を受けた公民館関係者は、その後、自らの業務である事業企画・運営にそれを採り入れ地域人材としての実践、本事業の普及、公民館の情報化を図るとともに、公民館での活動についての照会を受けるなど成果を上げている。公民館は、ようやく活動情報を提供・発信できるネットワークシステムを獲得したところであり、アクセス数が大きく伸びているとはいえ、公民館関係者自身の活用、地域住民や学習者の利用、さらにはウェブ上でのふるさと学習ネットの構築などはまさにこれからである。したがって、公民館などの活動におけるICTふるさと学習推進員の

活用や普及、効果は、教育活動として長いスパンでみていく必要がある。

　このような状況を克服するためには、認定を受けた人材の側の地域における（地域住民としての）「人対人の対面」「顔見知り」化への努力と行動力が重要となる。そのために公的な仲介・支援、人材受け入れ側の発想転換（自前主義からの脱却）を促す取り組みが欠かせない。

　近年、ふるさと学習活動はきわめて多岐にわたり、多様化している。従来からの地域の自然、歴史、文化、文芸、芸術、暮らしなどのほかに、防災・安全・安心のまちづくり、郷土美化・環境保全、健康づくり・エイジレス、特産・観光開発、地域福祉・ボランティアなどに関心が広がっている。とくに、東日本大震災時の避難と復興を教訓として、「絆づくり」を結びつけての地域の活性化、地域人としての意識向上、必要な知識や技術などの習得と実践が大きなテーマとなっている。

　認定された地域 e パスポート所持者はかなり多くの分野にわたっているが、なお地域や現代の課題に応える分野は多くない。芸術・博物的分野、産業的分野を十分にカバーしている状況にはない。また、生涯学習・社会教育推進の現場では、十分に周知されているとはいい難い現状である。今後は、これらのニーズ拡大に応え、認定講習参加を呼びかけ、趣味や特技、余技だけでなく、職業などをとおして培ってきたキャリアを生かすなど、幅広く所持者を増やしていくことが必要である。さらには、所持者どうしがネットワークをつくり、自立して、外部に対して自らを地域人材集団としてアピールできるようになることも必要である。また、ウェブ上での改善では、たとえば、人対人の情報提供に近づけるために、ショーケースの視覚化（静止画や動画）が必要である。将来的には、現在の地域人材側からの一方向の情報提供だけでなく、人材として活用した側や参加者、いっしょに活動するメンバーなどのコメントといった情報も活用できることが望まれる。

4.5　海外の実践例

　このように、わが国では地域人材の認定はまだ試行的なレベルであるが、海外では早くから取り組みが行われている。そこで、EU で取り組まれている先

行事例をまとめ、今後の検討の参考とする。

4.5.1　ユーロパスと人材情報の電子化

　ヨーロッパでは EU を中心として、人材を評価する統一的な枠組みづくりが行なわれている。EU は職業訓練施策の一環として、EU 内各国で発行されている職業訓練や資格、個人がもつ技能などを、その学習成果のレベルに応じて比較可能とする枠組みとして、EQF（Europian Quality Framework）を定めている。EQF は生涯学習の枠組みであり、職業教育訓練だけではなく、一般教育と高等教育を含むすべての教育訓練セクターによる資格を包含している。EQF の核は八つの資格参照レベルであり、義務教育修了レベル（レベル 1）から博士号レベル（レベル 8）までをカバーしている。EQF は国ごとの資格枠組み（National Qualification Framework: NQF）の整備を促し、すでに NQF を導入ずみの国に対しては、EQF との比較が可能になるよう参照レベルの関連づけを求めている［松井 2009］。

　この EQF と同時に、ヨーロッパ共通の技能と資格の証明書として、ユーロパス（Europass）とよばれる個人の職歴、学歴、技能、能力を表す証明書が定められている。EQF とユーロパスは、相互に連携可能となっており、職業訓練施設や各国に設けられたユーロパスセンターなどで認定されたユーロパスをもつことで、EU 内のどの国でも記載された技能や資格が社会的に通用する枠組みとなっている。ユーロパスは、2005 年 1 月に導入され、2008 年前半までに 350 万部発行されており、当初予定を上回る普及となっている［松井 2009］。

　ユーロパスは、職業訓練施設や各国に設けられたユーロパスセンターなどが記載し、その記載内容の認定を行う Europass Mobility、Europass Certificate Supplement、Europass Certificate Supplement のほか、認定を必要とせず、個人が記載することで利用可能な Europass Curriculum Vitae（CV）、Europass Language Passport で構成されている。ユーロパスの利用者は必ず CV の作成を行い、必要に応じてほかのユーロパスを作成する。

　CV は、雇用者や職業訓練施設などに対し、発行者がもつ技能や資格、職歴などを、統一されたフォーマットで伝えることが目的であり、EU が設けたインターネットサイトからいつでもオンライン入力が可能である。オンライン入

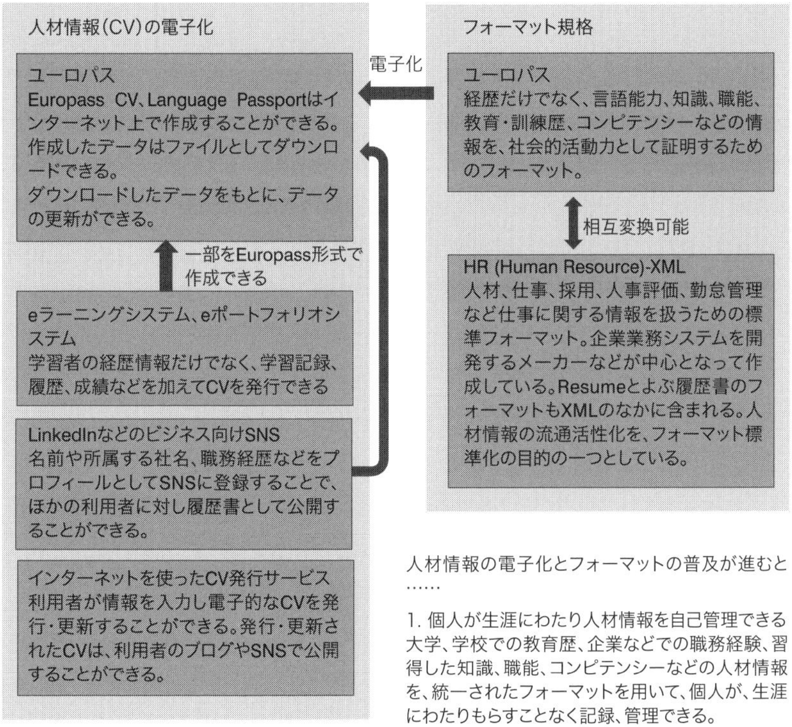

人材情報（CV）の電子化

ユーロパス
Europass CV、Language Passportはインターネット上で作成することができる。作成したデータはファイルとしてダウンロードできる。
ダウンロードしたデータをもとに、データの更新ができる。

↑ 一部をEuropass形式で作成できる

eラーニングシステム、eポートフォリオシステム
学習者の経歴情報だけでなく、学習記録、履歴、成績などを加えてCVを発行できる

LinkedInなどのビジネス向けSNS
名前や所属する社名、職務経歴などをプロフィールとしてSNSに登録することで、ほかの利用者に対し履歴書として公開することができる。

インターネットを使ったCV発行サービス
利用者が情報を入力し電子的なCVを発行・更新することができる。発行・更新されたCVは、利用者のブログやSNSで公開することができる。

フォーマット規格

→ 電子化

ユーロパス
経歴だけでなく、言語能力、知識、職能、教育・訓練歴、コンピテンシーなどの情報を、社会的活動力として証明するためのフォーマット。

↕ 相互変換可能

HR (Human Resource)-XML
人材、仕事、採用、人事評価、勤怠管理など仕事に関する情報を扱うための標準フォーマット。企業業務システムを開発するメーカーなどが中心となって作成している。ResumeとよぶフォーマットもXMLのなかに含まれる。人材情報の流通活性化を、フォーマット標準化の目的の一つとしている。

人材情報の電子化とフォーマットの普及が進むと……

1. 個人が生涯にわたり人材情報を自己管理できる
大学、学校での教育歴、企業などでの職務経験、習得した知識、職能、コンピテンシーなどの人材情報を、統一されたフォーマットを用いて、個人が、生涯にわたりもらすことなく記録、管理できる。

2. 人材の流通が活性化する
求職者が、電子化された人材情報を、国や民間の人材情報提供サービスに提供することで、求職者に適した求人情報をリアルタイムで求職者に提供できる。また、多くの求職者のなかから、組織が必要とする能力や経歴を持つ人材を自らスカウトすることができる。

図 4-17　人材情報の共通フォーマット化と人材情報の電子化

力したデータは、CV の形式に合わせた PDF ファイルとしてダウンロードでき、利用者はファイルをプリンターで印刷して、雇用者や職業訓練施設に提出することができる。また、入力されたデータは、XML 形式のファイルでダウンロード可能であり、新しく技能や資格、職歴が加わったさいは、過去のファイルをサイトにアップロードし、技能や資格、職歴を追記することが可能である。

　CV は XML 形式で表記できるよう EU によって定められていることから、同じく XML 形式で定められた人材に関する情報を扱うフォーマットと相互に変換させることが可能である。たとえば、人材に関する情報を扱うフォーマット

として、HR-XML コンソーシアムを中心に HR（Human Resource）-XML の策定が行われている。e ポートフォリオの活用を研究する団体である EIfEL（European Institute for e-Learning）は、CV と HR-XML とを相互に変換するための XSLT を公開している。このしくみを一部使うことで、学習者に e ラーニングを提供する基盤である LMS（Learning Management System）や e ポートフォリオに蓄積された人材情報を、ユーロパス CV の形式で作成する取り組みが行われている。

また、インターネット上に存在する履歴書発行サービスから、発行された電子履歴書をユーロパス CV に変換し、個人がブログなどで公開することや、SNS に記録した個人情報をユーロパス CV として発行するサービスなどが利用されている。こうしたサービスの利用者は、自らの人材情報を広く公開することで、自らがもつ能力をアピールし、SNS やインターネットでのつながりを通して、仕事につなげることも可能となっている。

ユーロパスや HR-XML など人材情報のフォーマットの普及と互換性の確保が進むことにより、人材情報の電子化のしくみを使って、大学など学校での教育歴、企業などでの職務経験、習得した知識、職能、コンピテンシーなどの人材情報を、生涯にわたり漏らすことなく記録、管理することができるようになる（図 4-17）。

人材情報の共通フォーマット化と人材情報の電子化が今後、よりいっそう進むことで、個人にとっても企業にとっても、人材育成、教育、訓練の面で大きなメリットがある。これまでは、個人が所属する組織により、組織が扱う人材情報のフォーマットが異なっているため、組織ごとに人材情報を再入力し管理する必要があったが、共通したフォーマットの普及が進むことで、学習した知識や技能、習得単位、資格などの人材情報をほかの組織に引き継ぐことが容易になると考えられる。

4.5.2　ローフォリオ・プロジェクト

e ポートフォリオを活用して、地域人材の見える化に取り組む活動が、フランスのロレーヌ圏域で行われている。「ローフォリオ」（Region of Lorrane made e-Portfolio: Lorfolio）と呼ばれ、地域人材の課題を地域ぐるみで解決しようとしている[8]。地域の産学官が協力して人材の顕在化をめざす取り組みは、インター

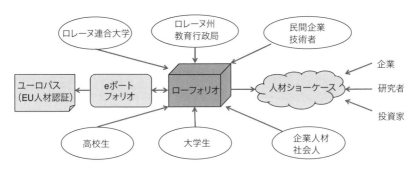

図 4-18　ローフォリオの概要
（2016 年 8 月，ロレーヌ連合大学へのインタビュー調査より筆者作成）

ネット市民塾と類似する面がある。

（1）背景

　2006 年より地域自治体によるイニシアティブで、地域開発の一環としてプロジェクトが始まった。この地方では過去 30 年間に、2、3 年で転職する人が増加したこと、近隣のルクセンブルクやベルギー、ドイツなど諸外国へ職を求めて移住する人が増えている（約 10 万人）ことなどから、市民の生涯にわたるキャリア開発支援が課題となっていた。

（2）取り組みの概要

　自治体、大学、関連する機関の協力により、キャリア開発のためのポートフォリオ作成・記録システムを開発した。人々が自分のもつ能力を広く社会に説明し知らせることのできるツール、「コンピテンスのポートフォリオ」をめざしている。地域の高校最終学年から退職年齢（およそ 57 歳）のシニア層までがおもな対象であり、すべての希望者が無料で登録できる。最初の 3 年間で 5000 名の登録があり、現在約 200 万人の市民のうち 3 万 2700 人が登録している。市民が「私は誰か」（who I am）と「私は何ができるか」（what I can do）を表明するためのデジタル・アイデンティティ、つまり電子化された個人証明としての

　8　ローフォリオはフランスのロレーヌ圏域で構築され、高校生から社会人にいたるまで参加し、連続した記録と活用を可能としている。http://www.lorfolio.fr

機能をめざしている。

　ポートフォリオは二つの部分、「パブリックのページ」と「プライベートのページ」に分かれている。前者はフォーマットで設定されたページであり、後者は登録者が自由に自分の活動を提示できるページである。内容項目は、個人のプロフィール、学習歴（ディプロマなどの教育歴、プロフェッショナル訓練、資格証明）、職歴、スポーツ活動などの関連する活動歴や経験などである。

　登録者は、各項目から必要な内容を取り出して「履歴書」（Editor CV）を、「五つのステップ」を用いて作成することができる。登録者は「見せる部分」と「見せない部分」を選択できる。「経験」を「コンピテンス」に置換して表示する工夫がある。各能力について「私は○○○エキスパートです」という表明ができる。

　ユーロパスとの情報連携にも対応している。能力評価の記録は、自己評価とフランスの国レベルの基準とともに、ユーロパスの基準にも対応する。ウェブシステムの管理はロレーヌ大学が行い、運営を行政の教育部門が行っている。

(3)　特徴的な機能

　登録者の希望するキャリア、就職について、それを可能にするための「道すじ」（パス）を選択するための支援機能がある。「なりたいこと、したいこと」を登録すると、「その職に必要な条件（能力や資格などの情報）」「学校など教育機会の情報」「職のオファー」と自動的につながる、いわばマッチングのしくみを構築している。これには、地域の職の情報を収集・提供している組織の支援、パートナーになっている30ほどの機関の参加がある。パートナーは毎年増加し、企業の組合も参加している。

　市民の個人ウェブサイトが作成でき、地域人材の見える化や社会的活動の発信にもつながっている。

　また、専門的人材（プロフェッショナル）によるグループをつくることができ、それぞれの取り組みを共有することで地域全体の活性化に寄与することもねらいとしている。

4.5.3　APL

仕事で学んだ専門知識やスキルを大学の単位として認定するしくみであり、イギリスの高等教育機関で取り組みされている。その一つに、ミドルセックス大学におけるポートフォリオを用いた従前学習成果の単位認定制度（Accreditation Prior Learning: APL/APEL）がある。

（1）概要

成人の学習者が教育課程に参加する以前の自身の主に職業経験やノンフォーマルな訓練による学習経験によって習得した学習成果を、大学の正規な学術的単位として認定し、教育課程の修了に必要な単位数にカウントする（学士課程であれば、最大 3 分の 2 まで認められるなど）制度である。

（2）ポートフォリオを用いた認定の例とプロセス

「Professional Practice（MA）プログラム」は、看護、健康、ビジネスなどの専門分野に関するプロフェッショナルの実践知開発のための修士課程である。修士課程修了に必要な 180 単位のうち最大 60％をポートフォリオによる申請で取得することができる。全プログラムで 3000 人が受講していて、ほぼ全員が成人学生である（アートのプログラムのみ 20 歳前後の若年層もいる）。基本的にインターネットをとおしてウェブ上のコースで学ぶ枠組みを用いて、教育プログラムが編成されている。

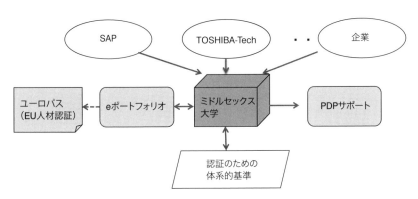

図 4-19　APL の概要
（2016 年 9 月の訪問調査の結果より筆者作成）

(3) 教育プログラムのインパクト

受講者には、次のような理由により高い評価を得ている。

・自身のもっている知識やスキルを、理論的な根拠をもって正当化すること
　ができる。

・仕事や生活に多忙でみえなかった、自身のプロフェッショナリズム（専門
　職としての行為、プロセス）を確認することができる。

・職業によっては、すでにもっている資格やポートフォリオの提出によって
　かなりの単位を取得することができ、時間と経費を抑えることができる。

さらに、受講者や修了者をとおして企業とのコラボレーションも増加してお
り、企業がスポンサーとなる場合や、共同でプログラムを開発する場合も出て
いる。

4.5.4　PDP

これらの取り組みでは、EU における以下のような人材開発の共通の枠組み
の整備が大きな意味をもっている。

・個人の学習と成果の記録：e ポートフォリオ

・自己開発を支援するアプリケーション：PDP

・自己開発を支援する機関：大学、企業

・評価する認証基準：EQF（Europian Qualifications Framework）

・認証した成果、業績の記録：CRA（英）、ユーロパス・センター

・モビリティ（可搬性、通用性）：ユーロパス・ネットワーク、IT、セキュリティ
　技術

これまで述べてきたように、日本では e ポートフォリオを生涯学習に活用す
る取り組みはまだ試行段階の状況であるが、海外では社会に出てからも自己開
発・自己成長をはかることに、e ポートフォリオが継続的に活用されている。

その一つが、自己開発の計画（Personal Development Planning/Program: PDP）と呼
ばれるしくみである。イギリスでは、すべての大学の学生個別の学習や継続
的なキャリア開発を支援することを目的に、PDP の取り組みが行われている。
高等教育だけでなく高等教育前および高等教育後（社会に出てから）の継続的な
学習と学習成果を記録することが特徴で、学習社会の基盤装置となることをめ

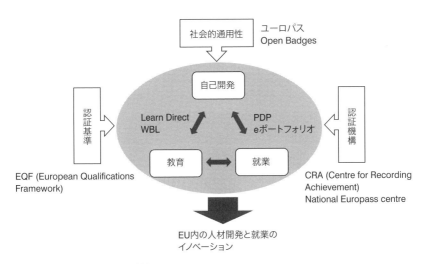

図 4-20　EU の人材認証などの枠組み
（2016 年 8 月調査より筆者作成）

ざしている［加藤 2012］。また、PDP はたんに学習成果を記録するツールでは
なく、学習の過程を可視化する手段として、e ポートフォリオの形態がとられ
ている。PDP は 1997 年に発表された国家高等教育調査委員会の報告書『学習
社会における高等教育』、通称『デアリング報告書』で初めてその活用が打ち
出されたとされている。同報告書で提唱された PDP を含む「プログレス・ファ
イル」は、それまでの大学の学位プログラムによるフォーマルな学習成果だけ
でなく、学生が獲得した幅広い能力についての詳細な情報を含むもので、イン
フォーマルな学習をも対象とすることが興味深い。このファイルは、学生が達
成した成果の記録と、学生が自らの自己開発をモニターし、確立し省察するた
めの手段（PDP）で構成されている［加藤 2012］。

　PDP が全英の共通的なしくみとして普及している理由は二つある。第一に、
全英レベルの共通定義があることである。高等教育質保証機関（The Quality
Assurance Agency for Higher Education、QAA）がガイドラインに「学習者が行う、構
造化され、サポートされたプロセスである。学習者自身が学習、パフォーマンス、
到達度を振り返ることであり、個人開発、教育開発およびキャリア開発のため
の計画をすることである」［QAA 2001、2009］と示されている。第二に、この取

り組みをサポートする全英の成果記録センター（Centre for Recording Achievement、CRA）が設置され、各機関の実践を推進していることがあげられる［加藤 2012］。この共通定義と支援組織の二つが、PDP を推進する枠組みとして機能しているといえる。

終章

プラットフォーム構築への
アプローチ

　ここまで本書では、市民講師デビューという小さな一歩を通じて、自己の再
創造と地域や社会との新たな関わりを拓く市民の実践、それを育て市民の地域
人材化をもたらすプラットフォームについて、そのあり方や構築の実践例を紹
介してきた。このようなプラットフォームを地域で構築するのは、地方公共団
体の市民協働推進部門や教育部門、NPO組織、経済団体などの人材開発事業
など、さまざまな立場で取り組みが考えられる。本書の締めくくりとして、こ
のような地域で取り組むプラットフォーム構築のアプローチを考える。

市民塾ヒストリー
　プラットフォーム実践例として取り上げてきたインターネット市民塾につい
て、その発想から開発、運営におけるさまざまな局面とチャレンジを振り返っ
てみたい。身近で感じた問題意識について、その時点でできること、使える技
術を使い、小さな実証を積み重ね、地域ぐるみのプラットフォームへと発展さ
せてきた一例として紹介し、今後の取り組みのヒントを提供したい。

(1) 発想は現場で感じた問題意識
　インターネット市民塾は、筆者がIT企業に勤めているなかで発想した教育

支援事業である。当時は全国各地の社会教育・生涯学習施設の IT 化を職務としていた。それらの現場で見た社会人の学習の姿や、その企画・運営を行う職員とのディスカッションを通して問題意識をもったことが発想のきっかけとなった。

1994 年（平成 6 年）、それまで温めていたことをかたちにしようと、インターネット市民塾の構想を発表し、プロトモデルの開発に着手した。当時はインターネットが一般家庭に普及する前であったが、双方向ケーブルテレビによって家庭で情報通信ネットワークが利用できる可能性が出てきたことから、これを使った「在宅学習」と「電子郵便」というかたちを実現しようと考えた。

開発にあたって、それまで温めていた問題解決を次のように考えた。つまり、
- 学びの主役は市民であり、そのテーマや方法は市民が自由につくることができる
- 教える側と学ぶ側は決まっているのではなく、仕事や生活のなかで自然に人と人が学び合うように、教えたり学んだりダイナミックに入れ替わることができる
- 働き盛りや子育て世代の人たちが、仕事や生活のなかで学ぶ時間を柔軟に選ぶことができる
- 仕事や生活で培ってきた実践的・専門的な知識や経験を他者や地域に生かすことができる
- 仕事や生活のなかでの教え合いと同様に、教えることで他者から学び自身も学ぶ
- 学びや他者との関係を通じて、新しい価値観と目標を見いだすことができる
- 学びと学びを生かすことが相互作用的に行える

などが目標であった。

(2) 発想をかたちにし地域からのレビューを得る

さまざまなディスカッションを経て、「市民の知識・経験が生かせる場」「情報通信ネットワークを利用した学び合いの場」といったコンセプトが生み出された。

　開発したプロトモデルを、同年10月に開催された全国生涯学習フェスティバル「まなびぴあ富山」（文部科学省、富山県などが主催）の会場に展示し、デモンストレーションを行った。このときは「市民講師」という考え方はそれほど注目されず、むしろケーブルテレビで双方向に会話しながら学習するという形態に関心が集まったが、当時の富山県知事はデモンストレーションを見て、「こんな新しいことが将来実現できれば、富山県の教育はもっとよくなるだろう」という言葉を残された。

　この会場では、まだまだ技術的には未完成のプロトモデルにIT技術者やメディア関係者は大いに関心を示したが、教育関係者の反応はそれほどでもなかった。著名な講師の講義や座学を主とする学習から、かけ離れてみえたのだろう。しかし筆者には、教育関係者と問題意識を共有できる日がいつか来るという確信があった。それまで全国各地でみてきた現場の声と実感があったからである。翌年に富山県民生涯学習カレッジ（県民カレッジ）が始めた県民教授制度「自遊塾」は、市民講師の可能性を考える機会となった。県民自らが企画する講座を県民カレッジが開催する制度で、県民参加のニーズを確認することができた。

(3) 地域で産む（開発する）

　プロトモデルから実用モデルを開発するためには、資金と技術者が必要だった。1998年（平成10年）に国の緊急対策事業として「教育の情報化推進事業」が打ち出された。提案したインターネット市民塾も実用化事業として採択を受けた。提案し採択を受けたのは所属していた企業であったが、練ってきたコンセプトをかたちにするためには、斬新なアイデアを集め、教育支援事業に関わる地域の産学官で開発することが大事だと考えた。そこで、情報通信に関する技術者を集めると同時に、富山県や富山大学にも共同開発への参加を呼びかけた。開発プロジェクトの責任は発案・企画した筆者と企業が負いつつ、その成果物は地域で産むかたちにしたいと考えた。

(4) 新たな価値観を地域で共有する

　1999年（平成11年）5月、開発を進めてきたインターネット市民塾の実験運

用が始まった。ようやく一般家庭からも使えるようになったインターネットを利用し、市民や大学教員が企画した九つの実験講座に、200 名あまりの市民が参加した。その参加者に教育関係者が大きな反応を示した。驚きは二つあった。一つは、それまで参加が少なかった働き盛りの人や会社員などが多くを占めたからである。インターネットの利用によって、働き盛りの学びを掘り起こす大きな可能性を実証するかたちになった。

　もう一つは、市民が開く講座のユニークさである。たとえば「インターネットジャズ講座」では、英語教育指導員（ALT）として滞在していた、ミシガン州出身の青年が講師となった。音楽としてのジャズを教えるとともに、文化としてのジャズを伝えた。ニューオーリンズなどジャズ発祥の地から届く講師の電子メールに、受講者は生きた文化にふれる思いをした。また、「天文楽者」と称した会社員は、夜の星座物語をインターネットで伝えるとともに、星座観察会を開催した。講師を申し出たアマチュア天文家の解説は、大人だけでなく子どもたちにも夢を持たせるものだった。一方、定年を前に早期退職したシニアは、ライフデザインをテーマにした「アクティブ人生企画塾」を開講した。自らの経験をもとに、ひとりひとりが主体的にライフデザインを考えるもので、今日の人生 100 年時代を予見するような内容であった。これらの講座は、いずれも一様に到達目標や学び方を決めているのではなく、参加者によってあるいは講師と参加者との関係によって学びが柔軟に展開するという特徴があった。講師も参加者も多様な知識や経験をもって集まること、職業や生活のなかからインターネットを通じて、場所や立場を越えて参加していることが大きく関係した。また、インターネットというオープンで横の関係を性質とする面も関連があった。

(5) 共通の関心事をもとに地域の団結へ

　このように、当初描いていた問題解決の可能性を実証し、新たな価値を広く実感できたことは大きな一歩であった。これをどのように継続的に運用し発展させるか、この時点ではまだ十分な見通しはなかった。1999 年に始めた実験運用は、産学官の共同開発・共同開催というかたちをとってはいたが、プロジェクトとしての責任は企業にあった。そこで地域の産学官による共同運営体の設

立に向けて、それぞれの関係者との協議を提案した。若者から高齢者までの市民の新しい学び方と、市民の知識と経験を地域に生かし、地域としても人材が顕在化するという効果は、地域の共通の関心事であり、その運営も地域で行うことが望ましいと考えたからである。

　協議は難航した。それぞれに立場があり、人や資金を拠出するには組織としての意思決定が必要で、それは容易ではなかった。筆者自身も地域プロジェクトの責任者と企業の社員という二つの立場に挟まれ、二者択一の進路の選択を迫られる局面もあった。そのなかでも県や県内の市町村、企業、大学を何度も訪ね、実験運用の成果と意義を説明し参加を求めた。

　2年あまりの活動とプロジェクト参加者による協議を経て、2012年（平成14年）にようやく産学官による運営団体が発足した。富山県民生涯学習カレッジ、県内市町村、商工会議所などの団体のほか、県内の6企業、3大学、マスコミ2社ほか、民間団体などによる「富山インターネット市民塾推進協議会」である。協議会の代表には、県民カレッジの学長に就いていただいた。

　それぞれ異なる立場にありながらも参加を決めた要因は二つであった。一つは若者からシニアまでさまざまな層が学び始め、地域全体として新たな学びを掘り起こすことが実証されていたことである。もう一つは、市民だけでなく行政や大学、商工会議所など、地域のさまざまな団体がそれぞれの事業に使える、地域共通の場としくみ（すなわち地域プラットフォーム）として開発されていたことである。これは何らかのかたちで、それぞれが抱えている問題解決に結びつくものであった。たとえば、行政が開催する講座には働き盛りの人の参加が少なく、偏りの解消が求められていた。また、各大学の課題は、特色ある教育を学生以外に広く伝えることであり、市町村にとっての課題は、地域の自然や文化の発信力を高めることであった。企業は社員教育の可能性に期待するとともに、企業の文化や技術力を発信する場にもなりうると考えていた。

　産学官の参加を促すため、協議会参加団体・企業が講座を自由に開催できる枠を設けた。実際に、富山の薬産業の草分けの企業である広貫堂が、売薬さんの歴史を学ぶ講座を開き、県内の各市町村は地域の自然や文化を発信する「ふるさと塾」を開いた。富山県の各部局からはネットを通じた行政出前講座が開かれた。のちに中小企業の社員教育をネット上に共同で開催する「ビジネス

塾」も開講された。市民の知識と経験を持ち寄ることに加え、県や市町村、企業、大学が特色ある学びをインターネット市民塾に持ち寄るとともに、それぞれの事業に役立てるものである。

(6) 地域が見守る運営

　運営は協議会の会員団体からの年会費で賄うほか、企業からの人的支援を受けた。筆者も企業の職務を持ちながら、引き続き運営に奔走した。地域が運営を支えるかたちになったことから、県も協議会の立ち上げ初期支援の提供を決めた。地域共同運営が成立したうえは、協議会会員への運営状況の説明を怠ることはできない。期待される成果がみられるか、新たなチャレンジの努力を行っているかなど、必然的に地域に開かれた運営が重視された。年会費を拠出する会員にとってそれぞれに財政課題があり、なかにはやむを得ず退会する企業もあったが、つねに見守られる運営が続いた。そのような緊張のなかでも積極的に新たなチャレンジを行った。第4章で紹介した人材地域認定の試行や、学習成果活用支援プログラムの開発とネットワーク化など、全国で初めての取り組みも行った。

(7) 地域に生まれた新たな足し算の関係

　インターネット市民塾によって、地域に三つの新たな足し算の関係が生まれた。すなわち、「市民講師による知の足し算」「推進を応援する人の足し算」「産学官の運営の足し算」である。「市民講師による知の足し算」は、それぞれの知識と経験を持ち寄って、お互いに学び合い役立て合うものである。これはこれまで述べてきたとおりである。

　「推進を応援する人の足し算」は、企画・開発、協議会の立ち上げ、運営関係者の調整、市民塾利用者への対応など、裏方として360度に奔走する筆者や事務局スタッフに対して、さまざまなかたちでボランタリーな応援が生まれた。たとえば「市民塾かわら版チーム」がいつの間にか生まれ、市民塾参加者の活動をウェブで紹介し始めた。また、市民が拓く講座を応援するグループとして、「市民塾倶楽部」が発足した。

　「産学官の運営の足し算」は、推進協議会に加わった企業や団体が、それぞ

れできることを応援するものである。企業からは上述した企業主催講座や、スポンサーとして特色ある講座を開催する例も生まれた。各企業社員への利用勧奨にも協力を受けた。筆者が所属していた IT 企業は、技術提供による貢献を行った。県や市町村からは広報としての協力があり、新たな地域活動を始める市民を引き立て活躍の場を紹介した。中小企業の社員教育を共同で行う「ビジネス塾」では、スキルアップ講座のほかに「地元経営者経営哲学講座」が開かれた。企業の枠を超えて経営ノウハウを提供し合うもので、地域全体の発展を願う経営者の知の足し算である。

さまざまな主体とアプローチ

　富山での活動が各地に伝わり、各地に「地域市民塾」の設立が相次いだ。自分たちも自前でプラットフォームを持ちたいという、さまざまな動きが生まれた。それぞれの地域の状況と、多様な主体によるプラットフォーム構築がみられた。そのいくつかについて、構築のアプローチを紹介する。

（1）せたがや e カレッジ

　世田谷区と区内の 4 大学（駒沢大学、国士舘大学、東京農業大学、昭和女子大学）が共同で 2003 年（平成 15 年）に設立した。区民のもつ豊富な知識の発信と、大学がもつ特色ある教育プログラムの発信を進め、世田谷区全体のポテンシャルの向上をはかるねらいである。立ち上げの中心となったのは、世田谷区の区民活動推進部門である。世田谷区と各大学が運営費を持ち寄り、運営事務局は各大学が交代で担っている。

（2）わかやまインターネット市民塾

　NPO 活動推進者が、所属する IT 企業の支援を得て立ち上げた。もともと地域再生の課題解決に活発な活動を行っていたが、市民参加の喚起とお互いの活動の横のつながりを育てる方法として、インターネット市民塾のプラットフォームの構築に取り組んだ。知識と経験を生かした雇用創出や、地域活動推進者を育てることに力点をおいた活動を行っている。企業の支援を得て立ち上げた点など、プラットフォーム構築のアプローチに富山と類似する面がある。

(3) 徳島インターネット市民塾

　大学教員の発案によって構築された。運営を担う NPO 組織の設立をとりかかりとしている。大学教員が専門とする ICT 利活用を、市民活動の展開に生かそうとするもので、大学教員の企画によるさまざまな新しい試みが行われた。たとえば、ウォーキングの歩数に合わせて四国八十八ヶ所のお遍路がバーチャルマップの上に表示され、地域文化と健康づくりの課題解決をはかった。市民のなかから ICT を駆使して活動する「スーパーシニア」も生まれた。プラットフォームのハード面は、富山のシステムを利用し、ソフト面を大学教員が開発した。

(4) Kochi くろしお学校

　地域活性化を推進する女性が中心となった NPO「とさはちきんねっと」が、行政と連携して設立した。プラットフォームのハード面は富山のシステムを利用し、ソフト面は NPO 活動の実践ノウハウが生かされた。高知県や大方町（現黒潮町）と連携して人材流出の課題に取り組み、地域に残る住民に、働き方の改革や新たな働く場の形成のための多彩な学びを展開した。

(5) 地域間の連携と協働

　このほか、地域活動を志す市民と学内のラーニング運営で実績を持つ大学などが協力して設立した「くまもとインターネット市民塾」や、大学内に学生が中心となって立ち上がった「SFC 市民塾」、瀬戸内の島々の映像アーカイブ発信を通じて地域文化を育てる「尾道インターネット市民塾」（しまなみネット TV）などがある。これらは、富山との交流を通して、あるいは富山のシステムを利用しながら、自らの地域の状況に合わせて独自に運営するプラットフォームを構築してきた。

　各地に同様のプラットフォームが設立されると、これらの間で地域を超えた連携や協働の動きが生まれた。たとえば、若者の再チャレンジを応援する「若者未来 e ラーニング」や、子どもたちの職業観を育て地域産業を再認識する「e 手仕事図鑑・体験学習」、防災活動のノウハウを学び合う「防災市民塾」など、複数地域が活動知識や経験を持ち寄る、地域間の協働が生まれた。これにより

単一の地域のみでは広がりにくい地域課題解決の活動が生まれ、それぞれに参加する市民講師、地域人材の交流も活発化した［高田、柵 2012］。

　各地に設立された地域版インターネット市民塾などは、そのいくつかはその後に役割を縮小・改編しているが、地域間の協働はこれらのネットワーク組織として、先進的な研究やプラットフォーム構築のノウハウの提供や普及の支援を行っている［高田 2012］。

これからの取り組みのヒント

　このように、プラットフォーム構築の主体やアプローチはさまざまなであるが、発想はいずれも市民の地域参加を促し、市民の力を地域の力にすることに目線を合わせている。また、プラットフォームの構築には、やはり地域の団結が不可欠であった。その地域の団結はなしがたく壊れやすいことも事実である。そのようななかでも上述のように地域課題を共有し、プラットフォーム構築のアプローチを行ってきた実践例から学ぶヒントがある。

(1)　インカムから考える

　何を行うにも、アウトカム、成果、結果が求められる。明確な目標と達成可能な計画が必要とされる。それが見えるものでないと予算はつかず人も集まらない。また、達成すべき目標から逆算して物事が進められることもある。

　それとは別に、インカムから考える方法があっても良い。積み重ねてきた経験、実践に裏打ちされた知識やノウハウを「何かに」生かしたいと考える人は多くいる。長年、このような人を迎え入れ、市民講師としての活動の場を提供してきたからである。さまざまな経験をもった市民が集まるしくみをつくることで、「知の足し算」が生まれることに着目したい。そのような「知の足し算」によって、当初はみえていなかった成果が表れることを実践例から読み取ることができる。「結果は後からついてくる」である。

(2)　小さな試行によって問題解決を実証する

　初めから最終ゴールをめざすのではなく、小さな実証を積み重ねて賛同者を集めていくことは重要である。富山の実践例にあるように、当初はプランに消

極的だった行政も、実際に市民の動きに大きな変化がみられるようになってからは、考えを変えた。

　今後の具体的な試行として次の取り組みが考えられる。

・経験を生かした活動プラン作成講座の開催

　高齢者の社会参加、セカンドキャリア支援など、「総活躍社会」に向けての取り組みが求められている。これらの取り掛かりとして第4章で紹介している「学習成果活用支援プログラム」などの取り組みを、身近な地域で実践していくことが考えられる。例として、「出番づくり応援プログラム」（富山県）、「地域デビューのための活動プランづくり講座」（茨木市）などがある。

(3) 既存の事業や活動団体と連携して取り組む

・各地のボランティア講師制度にプラットフォームを導入する

　多くの地域で取り入れられているこの制度には、ICTを活用している例は見当たらない。働き盛り人々の参加や市民相互の新しいコミュニティの形成をはかる方法として、プラットフォームが効果的に活用できる。

・セカンドキャリアの形成を支援する団体と連携する

　定年退職後のセカンドキャリアの形成を支援する活動が広がっている。これらの団体のネットを活用したプラットフォームとして効果的な導入が考えられる。

・市民協働型事業としての取り組み

　各地の自治体で活動の提案を求めている。市民の地域デビューを応援する事業として提案し、市民の参加と地域の協力を集める契機として取り組むことができる。

註記

　特定非営利活動法人地域学習プラットフォーム研究会（http://shiminjuku.org/）では、プラットフォームのモデルとなったインターネット市民塾の実践ノウハウや各地の取り組みの成果を共有し、新たな取り組みを支援する普及活動を行っている。

付録

資料1　市民講師意識調査票

インターネット市民塾　市民講師意識調査　お名前(　　　　　　　　)　回答日(平成　　年　　月　　日) 開催された講座または学習サークル名(　　　　　　　　　　　)	強く当てはまる	＋	＋	＋	全く当てはまらない
この意識調査は、市民講師として講座(または学習サークル)開催の動機や、開催を通じてどのようなことをお考えになったかお聞きするものです。 質問は4項目です。質問1から4についてお答えの候補を挙げてありますので、それぞれの程度当てはまるか5段階でお答えください。　→ 【回答の送付について】 　富山インターネット市民塾推進協議会事務局まで送付ください。 　この調査票(EXCEL形式)をメール[　　　]で返信、またはファックス[　　　]で送信					
質問1　講座を開催(または学習サークルを開設)しようと思ったのはなぜですか	4	3	2	1	0
A1	講座の開催や学習サークルの開催を自分で企画し開催することが出来るから					
A2	他の市民講師がテーマや志をもって開催していることに共感したから					
A3	何か新しいことを始めたいという気持ちがあったから					
A4	仕事の上で必要性があったから					
A5	仕事以外のことで必要性があったから					
A6	社会の変化に対してこれからの自身のことに問題意識を持っていたから					
A7	ボランティア活動として地域社会に役立つことができると考えたから					
A8	今までの経験や学んできたことを生かせると考えたから					
A9	自身の加齢に対して今のままで良いか問題意識を持っていたから					
A10	自身の今後の展望を拓くことに役立つと考えたから					
A11	自分への投資になると考えたから					
A12	開催することで新しい仲間を作ることができると考えたから					
A13	そのほかの理由(自由記述)					
質問2　実際に講座(または学習サークル)の開催に踏み切ることが出来たのはどのような理由でしょうか	4	3	2	1	0
A14	自分の仕事や生活の時間に無理なく開催することができると考えたから					
A15	一方的に教えるのではなく学び合うという形で、自分の経験や知識で無理なく開催できると考えたから					
A16	インターネットを利用することで場所の確保にとらわれずに開催できると考えたから					
A17	インターネットを利用することで開催場所までの距離にとらわれずに開催できると考えたから					
A18	インターネットを利用することで自分や参加者の時間にとらわれずに開催できると考えたから					
A19	一緒に講座や活動を進める仲間がいたから					
A20	メンターや事務局のフォローがあったから					
A21	そのほかの理由(自由記述)					
質問3　講座(または学習サークル)の開催を通じてご自身にどのような変化がありましたか	4	3	2	1	0
A22	受講者や参加者のさまざまな状況、幅広い考えに気付いた					
A23	講座の主催者またはサークルのリーダーとして受講者や参加者の状況に心配りするようになった					
A24	受講者や参加者から学ぶことがあった					
A25	地域や社会の動きへの関心を持つようになった					
A26	受講者に良い影響を与えたと感じることができた					
A27	今までの経験や学んできたことが役立ったと感じることができた					
A28	今までの経験や学んできたことを振返るようになった					
A29	今までの経験や学んできたことがデジタル化などにより形になって残ることは良いことだと思った					
A30	今までの経験や学んできたことを振返るために記録を残す必要性を感じた					
A31	今までの経験や学んできたことをさらに深めるための学び直す必要性を感じた					
A32	今までの経験や学んできたことをもっと広く伝えることができそうだと思った					
A33	講師と受講者が一緒に学び合うことは良いことだと感じるようになった					
A34	他者と積極的にコミュニケーションをとるようになった					
A35	異なる意見の人とも良い関係を作ろうと考えるようになった					
A36	言葉の使い方や言葉の持つ力を考えるようになった					
A37	ICTを効果的に活用することに積極的になった					
A38	新しい交流が増えた					
A39	そのほかの変化(自由記述)					

質問4　今後に向けて考えていること、始めていることがありますか	4	3	2	1	0
A40　今回の経験を生かして、講座の開催または学習サークルを継続したいと思う					
A41　今回の経験を生かして、新たな講座の開催や学習サークルを開設したいと思う					
それは具体的にどのようなテーマですか（自由記述）					
A42　今回の経験を生かして、新たな地域活動・ボランティア活動を始めたいと思う					
それは具体的にどのようなテーマですか（自由記述）					
A43　今までの経験や学んできたことを深めるため、学び直しや資格取得などを始めようと考えている					
それは具体的にどのようなテーマですか（自由記述）					
A47　新たな講座の開催や学習サークルの活動に向けた計画を考えている					
A48　その計画の具体化に向けた道筋とリスクを考えている					
A49　その計画の具体化に向けて関係機関への問い合わせや訪問を考えている					
A50　新たな講座の開催や学習サークルの活動に向けて一緒に進める仲間を集めようと思う					
A51　新たな活動のために、今までの経験や学んできたことを記録し整理しようと思う					
A52　新たな活動のために、今までの経験や活動を分かりやすく説明できるプロフィールを作ろうと思う					
そのほか、ご意見やご提案がありましたらお聞かせください（自由記述）					
質問は以上です。ご協力ありがとうございました。					

資料2　学びを生かすワークシート

学びを生かすワークシート

お名前 _____

● **これまでの私**

	仕事・趣味・特技	年数
1		年間
2		年間
3		年間
	大切にしていること、学んできたこと	仲間・先生がいる
1		はい・いいえ
2		はい・いいえ
3		はい・いいえ

シート
の交換

● **すばらしいところ　期待したいこと!**　　　お名前 _____

- ・
- ・
- ・

シート
の返却

●**仲間・協力者がいたらできますか?**
どんな人が必要ですか?（聞き取り）

| |
| |

相談してみましょう!

資料3　講座企画ワークシート

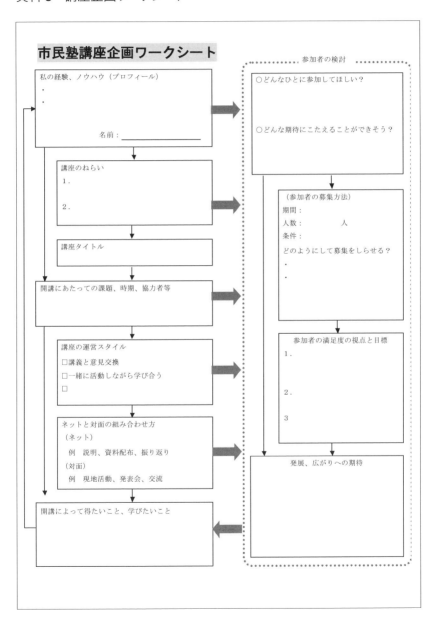

資料4 講座チェックシート

【チェックシート】

開催した講座・サークルを振り返ってみましょう

記入日　平成　　年　　月　　日

講座名

お名前

「はい」または「いいえ」でお答えください。
↓　（欄をクリックすると選択肢が表示されます）

	1	実際の受講者、参加者の年代や期待、ニーズに対応して、講座のテーマ、ねらい、内容は合致しましたか （メモ欄　　　　　　　　　　　　　　　　　　　　　　　　）
	2	講座の進行および教材の公開、スクーリング等は、当初の予定通りに進めることができましたか また、受講者、参加者のペースを考えながらリードすることができましたか （メモ欄　　　　　　　　　　　　　　　　　　　　　　　　）
	3	教え方、話し方、資料の作り方など開講時に考えていた工夫は、実現・反映できましたか （メモ欄　　　　　　　　　　　　　　　　　　　　　　　　）
	4	教え方、資料作成、受講者とのコミュニケーションなどにおいてITを生かすことができたと思いますか （メモ欄　　　　　　　　　　　　　　　　　　　　　　　　）
	5	開催した講座・サークルについて受講者、参加者に満足してもらえたと思いますか （メモ欄　　　　　　　　　　　　　　　　　　　　　　　　）
	6	受講者、参加者がこの講座・サークルを通じて良い影響、変化を与えたと思いますか （メモ欄　　　　　　　　　　　　　　　　　　　　　　　　）
	7	逆にあなた自身が受講者、参加者から得た良い影響、気付きがありましたか （メモ欄　　　　　　　　　　　　　　　　　　　　　　　　）
	8	講座・サークルの開催を通じて、あなた自身が学んだことはありますか （メモ欄　　　　　　　　　　　　　　　　　　　　　　　　）
	9	講座・サークルの開催を通じて、当初考えていたねらいや目標への達成感は概ね得られたと思いますか （メモ欄　　　　　　　　　　　　　　　　　　　　　　　　）
	10	講座・サークルの開催を通じて、新たに関心を持ったこと、学びたいこと・新たな目標が生まれましたか （メモ欄　　　　　　　　　　　　　　　　　　　　　　　　）
	11	今回の講座・サークルの改善や工夫をすることで、もっと良くすること、または新たな展開ができそうですか （メモ欄　　　　　　　　　　　　　　　　　　　　　　　　）

〜おつかれさまでした〜

この振り返りをもとに改善点や今後の目標を立ててみましょう！

平成27年度は講座（またはサークル）を「<u>開催する　相談したい　開催しない</u>」（いずれかに印）

※ご記入後、事務局宛に送付ください　e-mail ▉▉▉▉▉▉▉▉▉▉ または FAX ▉▉▉▉▉▉▉▉

「講座物語」（講座・サークルの足どり）の記録をもとに、講座全体を振返ってみましょう。
チェックの際は下記の記入例を参考にください。メモ欄には、振り返り の内容をできるだけ
具体的に記入ください。

【講座物語を
表示する】

記入例　　　　　　　　　　　　　　　　　　　　ポイント！

No.	記入例	ポイント！
1	・内容が盛りだくさんで、伝えきることができないことがある ・受講者からの声を生かし、内容を変更して行ったことがある ・受講者の期待やニーズと自分の思い描く講座内容とに相違があるのではと感じている	講座の趣旨と受講者の趣向に沿った内容となっていますか？
2	・受講者と相談しながら、日程を調整している。調整が難航したこともあった ・私事により、予定していたスケジュールがこなせなかった ・ひとり一人に役割分担したことで、参加者の積極性が高まって良かった	受講者の理解や参加度合いをリードした進行ですか？
3	・受講者、参加者が資料や教材づくりに参加できる工夫が良かった ・一方的に話すのではなく、都度、受講者の声を聞くよう問いかけをしたことが良かった	受講者、参加者に対して一方的になっていませんか？
4	・最初に掲示板でしっかり自己紹介し合ったことで、以降の学び合いの場づくりができた ・スクーリング案内や報告を作成し、案内している。ネットにまとめることで、	情報を共有する活用、コミュニケーションでの活用、記録が残る活用など、効果的な活用は？
5	・何かを教え込むことではなく、それぞれが異なる気付きを持ってもらえることを目標とした点では、概ね満足してもらえたと思う ・受講者の目標がみんな同じと考えていたところに問題があったと反省	受講者、参加者はそれぞれ経験も動機も多様であることが多い中で、満足度をどのように考えていました
6	・スクーリングで紹介した〇〇について、興味を持ってもらえ、その後も一緒に活動している ・〇〇に関する受講者の意識が、回を追うごとに〇〇になったのを感じて	回を重ねるごとの受講者の反応や変化を把握していますか？
7	・世代による異なる価値観、興味関心の視点があり、さまざまな受講者から、自身では考えていなかったこと、経験のないことを得たことがあった	受講者、参加者と学び合ってみようという気持ちを持っていましたか？
8	・受講者からの質問にこたえるために、〇〇について学んでいる ・「人に伝える」ことの難しさを実感し、話す心構え、聴く心構えを意識するようにしている	受講者と向き合うことで自分自身の変化はありますか？
9	・自分の中にあった価値観を仲間と共有するという点では概ね満足している ・参加者と一緒にテーマについてまとめてみたいという目標は達成できなかったが、これからの活動に向けた仲間づくりができたことで、今後に期	開講前、自身の中にあった目標は何でしたか？
10	・受講者の中に〇〇に造詣が深い方がいて触発されている。今度はその分野を学んでみたいと思っている。 ・自分ができる範囲で、地域の〇〇活動への参加を考えている。	開講したことを何かに生かせそうですか？
11	・受講者、参加者と一緒に講座を作り上げていくという気持ちになれば、もっと楽に講座を開催できそうである ・新たなテーマで講座を考えたいが、どんな形で開催できるか、どんな人が参加してくれるのか見通せないので、事務局に相談したい	講座・サークルの開催は、他の講座、過去の事例を知ることで、さらに柔軟考えることもできます

資料5 講座検討ワークシート

さらに「よい講座」にするための工夫・改善点を考えてみましょう
（講座検討ワークシート）

✓ **講座テーマを見直してみましょう**

あなたの経験・持ち味・得意分野を生かしたテーマ/対象としている受講者・地域にニーズがあるテーマになっていますか？　講座の内容が伝わるテーマのつけ方になっていますか？

✓ **対象とする受講者・参加者が明確か見直してみよう**

対象とする受講者が明確に絞り込まれていますか？　テーマ、分野、ニーズに対して、どんな人に参加してほしいか、できるだけ明確に想定してみてください。

ヒント！　・絞り込む―少数でも共感できる仲間をしっかり集める
　　　　　・絞り込まない―広くゆるやかな関係で学び合う

✓ **講座の進め方を見直してみよう**

無理のないスケジュールを立てていますか？/受講者とともに進める講座になっていますか？

ヒント！　・知識を得る(講義)/体験して納得する(体験)/一緒に考える(ワークショップ)の組み合わせをどのようにするか。

✓ **教材や配布資料の見直しをしてみよう**

わかりやすいテキストになっていますか？/著作権への対応は大丈夫ですか？/全部を教材でわかってもらおうとしていませんか？　そのために教材作成に追われていませんか？

ヒント！　掲示板でのやりとりの中で学びを進める/スクーリングの前の事前準備としての教材/みんなで作る教材等いろいろな形の教材が考えられます。

✓ **その他、チェックシートの「いいえ」について見直してみよう**

講座の振り返りチェックシートで「いいえ」となった項目には改善すべき点があるかもしれません。

～おつかれさまでした～
この見直しを生かして「講座設計書」を記入してみましょう！

（記入例）

✓ 講座テーマを見直してみましょう

立山登拝を考える

ふるさと富山の素晴らしい自然の一つに雄大な立山がある・・・古く、信仰の山として、成人の印として立山登拝が行われてきた・・・この立山の自然や歴史に親しみながら、世代を超えた絆作りをテーマに講座を企画した。ふるさと教育の振興に役立つテーマと考えています。

これまでの〇〇の経験を生かすことができたので〇〇をテーマにしたい。ただし〇〇には〇〇の掘り起こしが必要なので、関心を引き出すために「〇〇」というタイトルを付ける。

✓ 対象とする受講者・参加者が明確か見直してみよう

中学生以上シニア世代まで、テーマに関心のある仲間を広く集めたいが、そぼ分〇〇への対応も幅広くする必要がある。募集案内は、市民塾パンフレットのみならず、地域の公民館、学校などともコンタクトを取って受講者を集めたい。

類似の講座が〇〇などで開催されているので、対象者を〇〇に絞込み、独自性を出したい。

✓ 講座の進め方を見直してみよう

最初に参加者の関心を掘り下げるために、初めは〇〇し、そのあと〇〇する。
ネットによる事前学習とスクーリングによる知識や体験学習への準備、立山登拝の体験学習を組み合わせた講座にしょうと思う。ネットによる事前学習用コンテンツはこれから準備。体験講座は夏休みくらいに実施する予定。
一緒に学び合う場作りから始めるるために〇〇を工夫す、〇〇する。

✓ 教材や配布資料の見直しをしてみよう

立山登拝について、県民カレッジのビデオ教材などを参考にしようと思います。自分で作成すると言うよりも、既存の教材を活用しながら受講者ともども学習するという形を取りたいと思います。ネット学習ではコンテンツの著作権についてわからないところもありますので事務局に支援して欲しいと思います。

掲示板でテーマについての意見交換と資料提供を呼びかけ、その内容をまとめて成果（＝教材）にしたい。難しい資料を無理に作るのではなく、専門家に相談する。

✓ その他、チェックシートの「いいえ」について見直してみよう

・進める上で〇〇が苦手なことが〇〇している背景にあることから、〇〇して苦手を克服したい。
・一人で進めるのではなく、〇〇できる協力者として参加していただく。

資料6　講座設計書

講座設計書	講座企画ワークシートをもとに、具体的に講座をどのように開催するか設計します

テーマとその背景	
対象者とそのニーズ	
自身の満足度目標	
講座の進め方 開催パターン(ネット、 スクーリング、講義、 体験、ワークショップ 等の組み合わせ方)	
教材の用意 （何をいつまでに）	
掲示板の活用	
開催体制 協力者	
その他	

まずはおもいつくまま記入してみましょう

仲間や事務局と話し合いながらブラッシュアップしていきましょう

最終的に想定する受講者像が明確になるように検討しましょう

	記入例
テーマとその背景	「富山の食文化を学ぶ、楽しむ」 富山には海の幸、山の幸が豊富にあり、古くから伝わるいろいろな料理がある。しかし、時代とともに忘れられてしまうものが多い。 地域に残る富山の郷土料理を調べ、訪ね、食しながら守ってきた人と接しながら食文化を学ぶ
対象者とそのニーズ	グルメブーム、健康志向ブームが高まっている中、富山の食材には広く関心が高い上、薬膳料理などへの関心も高まっている 幅広い世代の参加が考えられるが、子育て世代にとって子どもたちの食育にも役立ててほしい シニア層の参加によって、豊かな経験をもとにした学び合いを期待したい（おいしい吊るし柿の作り方・・・）
自身の満足度目標	新幹線開業の中で、富山の食材や郷土料理のすばらしさを他県の人に「おいしそうに」説明できるようにしたい また、郷土料理を伝える人との新たなつながりと、その人から学ぶことを楽しみにしている 食を通じて学び合う関係によって、さまざまな交流と仲間づくりが生まれることをやりがいにしたい
講座の進め方 開催パターン(ネット、スクーリング、講義、体験、ワークショップ等の組み合わせ方)	(1)講座の概要とともに、参加者ひとり一人がどのような動き方をしたら良いか説明 (2)富山の郷土料理について、受講者参加型での情報集めと訪問プランの検討 (3)郷土料理を伝える人を訪問し、実際に食しながら学ぶ (4)料理の写真やお話を参加者でまとめ、Webページとしてまとめて公開 (5)掲示板に集まった情報と、訪問記録をまとめ、参加者全員の成果として発表
教材の用意 (何をいつまでに)	基本的な情報や参加者でまとめるための枠組みを最初に用意する 郷土料理の訪問記録を順次掲載し、「みんなで作る教材」とする (写真や動画などを積極的に活用する) 富山の郷土料理に関する既存の資料は大いに活用する 　例、万華鏡、とやま薬膳認定情報・・・
掲示板の活用	郷土料理の訪問プランの検討や、訪問記録をまとめる「活動掲示板」 郷土料理に関する思い出や意見交換を行う「みんなのとやま料理」
開催体制 協力者	県、市町村の観光部門、農産物新興部門に情報提供や訪問先の紹介などの協力を得たい 郷土料理の復活に努力されている方と交流があるので協力を得たい 訪問プランづくりや訪問・食事会は、受講者の役割分担によって進めたい 可能であれば、毎回の訪問を受講者による担当性とし、自身はコーディネート役を勤める
その他	受講申し込み者の年代や動機などをみて、開催プランを調整することを想定 自身も無理なく、楽しめるよう、訪問回数等は数回程度で調整する

資料7 講座開講企画書

「インターネット市民塾」講座開講企画書

※黄色の部分はWEB講座紹介ページや受講者募集パンフレットの原稿として使用します。

講座タイトル				開催の動機（自分にとってどのようなことを期待するか）	
カテゴリー	親子/ライフアップ/ふるさと/ライフマネー/文化芸術/メディア/自然科学/キャリアアップ/再チャレンジ/市民塾文庫/				
開講予定日	201X/XX/XX	閉講予定日	201X/XX/XX		
講座の概要 20文字×10行（厳守） （パンフレット用）					
講座紹介 200文字以内 （WEB講座紹介用）					
講座の到達目標 （どのような講座になれば満足か）					
受講対象者 （どのような人に対して講座を開くのか）			受講者の到達目標 （最終的に受講者にはどのようになってほしいか）		
ふりがな			E-mail		
講師氏名 または団体名			TEL		
講座主催等	（主催者が講師と異なる場合、または後援、共催などはあればご記入ください。）				

内　容	実施形態
スケジュール 32文字×7行（厳守） （パンフレット用）	

募集定員		募集期間	201X/XX/XX～　201X/XX/XX	
受講料		スクーリング費用	受講料に含む　　/スクーリング費用別途（　　　）円/1回	

176

受講上の注意	
講師プロフィール +講師からの一言 25文字×8行(厳守) (パンフレット用)	
受講中の案内	
希望する掲示板名	(　　　　　　　) ＊講座名と同じ場合、記入不要
備考	

写真の添付	添付 チェック	ファイル名	備考
写真1　講座の様子など			デジカメ写真等 jpgファイル 2MB前後
写真2　講師の写真			デジカメ写真等 jpgファイル 2MB前後

＊原則としてコンテンツは開講日の1ヶ月前までに完成させて下さい。事務局ではコンテンツを確認してから募集を開始します。
◇ 申し込み・問い合わせ先　富山インターネット市民塾事務局　TEL: ■■■　FAX: ■■■

資料 8 講座物語

【講座物語】－講座の足どり、広がり、共感、学び合いの記録－		チェックシートを表示する	受講・参加者名	年齢	性別

講座名		開講期間	
講師名		申込期間	

※講座の足どりを記録するシートです。
　最初に記入方法、記入例が表示されます。
　記入例を消去してご自身の講座について記録してください
※ご記入後、上部のボタン「チェックシートを表示する」を押してください。
　チェックシートが表示されますので講座全体を通じた振返りチェックを行ってみてください

このボタンを押すと、講座全体を振返って
評価するチェックシートに移動します
振返りの際に、講座の足どりを記録した
このシート「講座物語」が役立ちます

	月	月	月	月	月
講座の進行を記録する	・チェックシート記入 ・講座検討ワークシート記入 ・講座設計書記入	・講座開講企画書記入 ・講座申込み開始 ・第1回教材作成 ・●●さん受講 ・△▽さん受講	・講座開講 ・第1回教材公開 ・○□さん受講 ・メールマガジン発行	・第2回教材作成 ・△■さん受講 ・○□さん受講 ・第1回スクーリング　○○さん、△●さん、□×さん参加	・第2回スクーリング　○○さん、△●さん、□×さん参加 ・メールマガジン発行
受講者状況や、状況に応じて対応したことなどを記録する	・昨年の講座の振り返りから、講座のコンセプトを再度、固めなおす	・4月からの講座開講に向け、開講早々公開できるよう教材を作成した ・受講申し込みをされた方に、挨拶といつから開講するのかについてメッセージで案内した	・第1回教材では、この講座が目指すことやスケジュール、講師について詳細にお伝えした。 ・メールマガジンを発行し、情報提供やスクーリングの実施について案内した。	・教材では、スクーリングで見ておくべきポイントを解説した。 ・スクーリングでは、富山の旧城下町めぐりをし、今も残る当時の痕跡をたどった ・スクーリング後に掲示板にトピックを設置、旧城下町の痕跡について情報交換が盛んに行われた	・第2回スクーリングでは、十村制度から地域を治める工夫や武士と町民との関係について考えた ・武士と町民の関係について、掲示板で○○さんから文献を紹介してもらった ・2回目スクーリングを行ったが、△▽さんと□□さんが参加していない。
進行について感じたこと、気づいたこと、今後に向けて考えたことを記録する		・開講について期待している旨のメッセージの返信があり、期待にこたえねばと励みになった ・受講申し込みされた方には、挨拶メッセージを送ることにした。 ・受講生に積極的に参加してもらうためには、この講座について理解してもらうことが重要と考えた	・複数の方からメールマガジンの感想と意見をいただき、内容も好評だということがわかり、やりがいを感じた ・スクーリング予定が教材で示されていたので、予定が立てやすく助かるとの意見をいただいた。多くの参加が期待できると思った。	・旧城下町めぐりでは、受講生の○○さんが地蔵について解説してくださり、学ぶことが多かった。受講生の活躍の場づくりのためにも、次回は○○さんに協力いただいて新しいスクーリングの企画を考えたい。	・森家や竹島家など江戸時代当時の建物を維持し続ける人たちの熱意や誇りを多くの参加者に感じてもらえると思う ・2回目スクーリングがスクーリングに参加しておらずメッセージで近況を確認し、スケジュールが合わなかったと知り一安心。事前の受講生とのやり取りをしっかりしよう

178

受講動機	受講・参加者名	年齢	性別	受講動機

受講者の方がどのような動機で受講を申し込んでいただいたか、どのように応えたら良いか、常に意識できるようメモ

月	月	月	月	月

資料 9 活動プランづくりワークシート

「活動プランづくり」

ワークシート **1**   氏名＿＿＿＿＿＿＿＿

① 「学びを活かすワークシート」を参考に、これまでの自分について振り返り、
  仕事や生活で経験したこと、学んできたこと、身に付けたことを箇条書きに
  し、関連する資料を集めましょう。
② 自身の強み弱み、特異性を客観的に見つめ、書き出してみましょう。
③ 生かしたい対象の組織や関係者にとって、どのようなメリットが生まれるか、
  検討してみましょう。

① 概要（経験、実績、続けていること） ② 自身の強み弱み、特徴のある経験、 　 スキル、知識	③あなたが生かしたい対象の人、 　組織、場所、対象の組織、関係 　者側のメリット

「活動プランづくり」
ワークシート2　　　　　　　氏名＿＿＿＿＿＿＿＿

① ワークシート1をもとに、生かしたい人や場所について調べてみましょう。
　どのようなニーズがあり、ニーズに応えるためにはどのようなことが求められるか、考えてみましょう。関連する施設に出かけて調べることも方法です。
② 生かしたい対象のニーズに応えるために必要なことと、自身の経験やスキルを照らし合わせ、できることとできないことを切り分けてみましょう。
③ 対象のニーズに応えるため経験やスキルなど、補う必要があることを考えてみましょう。補うために必要な取り組みと期間を考えてみましょう。

① 対象組織、関係者のニーズ　ニーズに応えるために必要なこと	② できること、できないこと、補う必要があること　③ できるようにするための取り組み（方法、期間）

ワークシート 3　　　　　　　　　氏名＿＿＿＿＿＿＿＿＿

① これまでの検討をもとに、活動を始めるためのプランをまとめましょう。

② 　活動プランはいくつかの段階（すぐにできること、学習や経験を積んでその
　あとに取り組みたいこと）に分けて取り組むことを想定します。

　一人では難しい活動は、仲間を集めて一緒に取り組むことも考えられます。

① 活動の概要	② 取り組み （体制、方法、期間）
第1段階	
第2段階	
第3段階	

資料 10 ユネスコ学習都市特徴項目リスト

文部科学省ウェブサイト「ユネスコ学習都市賞について」より
https://www.mext.go.jp/a_menu/ikusei/gnlc/1368284.htm（2020 年 2 月 18 日アクセス）
https://www.mext.go.jp/a_menu/ikusei/gnlc/__icsFiles/afieldfile/2017/02/01/1368284_1.pdf

焦点領域	主な特徴		可能な測定方法	データ
1. 学習都市構築のより広い利益				
1.1　個人のエンパワーメントと社会的結束の促進	1.1.1　全市民の識字率及び基礎的スキルの獲得の保証		・成人識字率：15 歳以上の読み書きのできる人の合計人数。当該年齢層の人口に対する割合で示す。	市当局から提供される公式データ
	1.1.2　市民参加		・選挙参加率：都市の直近の選挙における該当年齢人口の参加率	市当局から提供される公式データ
			・ボランティアやコミュニティ活動への参加：調査前の 1 年間におけるボランティア及びコミュニティ活動に参加した市民の割合	調査結果
	1.1.3　ジェンダー平等の保証		・政治におけるジェンダー平等：市議会における女性議員の割合	市当局から提供される公式データ
			・企業におけるジェンダー平等：上位 10 企業の取締役における女性の割合	調査結果
	1.1.4　安全で調和のある包括的なコミュニティの創造		・犯罪率：市民 10 万人当たりの記録されている犯罪率	市当局から提供される公式データ
			・社会的流動性：自分たちの子供が自分よりも高い社会的地位を獲得すると信じている社会的弱者の割合	調査結果
1.2　経済の発展と文化の繁栄	1.2.1　包括的で持続的な経済成長への刺激		・人口一人あたり GDP：都市内で生産された価値の総額（米ドルＰＰＰ＜購買力平価＞換算）を人口で割る	市当局から提供される公式データ
			・都市の貧困率：2005 年の国際価格において、1 日 1.25 ドル（ＰＰＰ）以下で生活している市民の割合	市当局から提供される公式データ
	1.2.2　全ての市民のための雇用機会の創出		・失業率：総労働力に占める失業している労働力人口（15 歳以上）の割合	市当局から提供される公式データ
	1.2.3　科学、技術、イノベーションに対する積極的なサポート		・科学技術分野における人材育成（ＨＲＳＴ）：総労働人口における科学技術分野で働く専門家の割合	市当局から提供される公式データ
			・特許権取得：市民 10 万人あたりの新規特許権取得数極的なサポート	市当局から提供される公式データ

	1.2.4　多様な文化的活動への アクセス保証	・文化的活動への参加：1か月に市民 一人あたりの博物館、劇場、映画、コ ンサートホール、スポーツイベント への参加数	市当局から提 供される公式 データ
	1.2.5　余暇活動やレクリエー ションへの参加の促進	・身体的エクササイズやスポーツへの 参加：1週間に5回以上身体的なエク ササイズやスポーツに参加する住民 の割合	調査結果
1.3　持続可 能な開発	1.3.1　自然環境に対する経済 や人類の活動による負の影響 の低減	・CO2排出量：一人当たりCO2排出 量	市当局から提 供される公式 データ
		・廃棄物管理：年間一人当たりの国内 廃棄物量	市当局から提 供される公式 データ
	1.3.2　都市の居住性を高める	・生活環境：スラムに住む人口割合	市当局から提 供される公式 データ
		・公共交通機関：公共交通機関に対す る市民の満足度	調査結果
	1.3.3. アクティブ・ラーニング を通じた持続的な開発の促進	・持続可能な開発のための教育：全て のレベルの教育における持続的な発 展を促進するための効果的な手法	専門家のレ ビュー
		・環境スチュワードシップ：環境への 責任について、市民の自らの行動に ついての認識	調査結果
2. 学習都市を構成する主なブロック			
2.1　教育シ ステムにお ける包括的 な学習の促 進	2.1.1　就学前教育への参加の 拡大	・就学前教育（ISCED 0）への純在籍 率（※ ISCED：ユネスコが策定した 国際標準教育分類）	市当局から提 供される公式 データ
	2.1.2　初等教育から高等教育 への参加の拡大	・25歳以上の人々が受けた公的教育の 平均年数	市当局から提 供される公式 データ
	2.1.3　成人教育、職業教育、 訓練へのアクセス及び参加の 拡大	・成人の学習や教育への参加：調査前 の1年間に教育や訓練を受けたと報告 のあった割合（25歳〜64歳）	調査結果
	2.1.4　社会的に不利なグルー プ（移民を含む）に対する教 育へのアクセスを保証する支 援	・社会的に不利なグループへの支援： 言語的・民族的マイノリティや社会 的に不利な背景を持つ学習者に対し、 市当局が実施した支援手法	専門家のレ ビュー
		・高齢者に対する支援：高齢の学習者 （65歳以上）に対し、市当局が実施し た支援手法	専門家のレ ビュー

2.2 家庭や地域社会での活力を生み出す学習の再生	2.2.1 コミュニティにおける学習空間の確立及び家庭やコミュニティにおける学習資源の提供	・インフラ：人口10万人あたりのコミュニティベースの学習空間数（コミュニティ学習センター、文化センター、図書館を含む）	市当局から提供される公式データ
		・家庭学習を支援する政策的イニシアティブ：家庭学習を支援するための政策の活用しやすさ	専門家のレビュー
	2.2.2 家庭学習やコミュニティ学習への参加動機	・コミュニティ学習への参加：定期的にコミュニティ学習活動に参加する市民の割合（少なくとも1週間に2時間以上）	市当局から提供される公式データ
		・家庭学習への参加：調査前の1年間に家庭において学習活動に従事した市民の割合	調査結果
	2.2.3 コミュニティの歴史や文化、また独特で貴重な資源として、知ることや学ぶことについて生来の方法を認識すること	・コミュニティ固有の知識を学ぶ学習資源を開発すること：市当局によって開発されたコミュニティの歴史や文化、固有の知識をベースとした学習プログラム数	市当局から提供される公式データ
2.3 職場のための職場における学習の促進	2.3.1 職場の全てのメンバー（移民労働者を含む）が幅広い学習機会を持つこと	・従業員の教育・訓練への参加：従業員の仕事に関する教育・訓練への参加割合	市当局から提供される公式データもしくは調査結果
		・移民労働者の教育・訓練への参加：移民労働者が教育・訓練に参加するために市当局が実施する支援策や戦略	専門家のレビュー
	2.3.2 学習組織となるための公的・私的組織への支援	・学ぶ組織：従業員が学習に参加することを奨励するような学ぶ組織を発展させるためのイニシアティブや戦略	専門家のレビュー
	2.3.3 職場における学習を支援するための雇用者・労働組合への取組	・雇用者の能力開発に対する金銭的支援：公的・民間部門における従業員の給料に対する従業員教育・訓練への投資割合	市当局から提供される公式データ
	2.3.4 職に就いていない若者や成人のための適切な学習機会の提供	・教育や就労における若者への関与：全若者人口（15歳から24歳）における教育や修了、訓練を受けていない若者総数	市当局から提供される公式データ
		・失業者への訓練：市当局の提供する多様な就業訓練プログラムに参加している失業者の割合	市当局から提供される公式データ
2.4 現代的な技術を幅広く活用した学習	2.4.1 管理者、教員、教育を行う者に対する学習の質を高めるテクノロジーを利用する訓練	・管理者、教員、教育を行う者に対するICT研修：調査前の1年間にICT研修を受けた教員や教育を行う者の割合	調査

185

	2.4.2　ＩＣＴツールや学習プログラムへの市民のアクセスの拡大	・クラス活動でのICTの活用：学校やコミュニティの学習スペースでのクラス活動において定期的にICTを利用する教員や教育を行う者の割合	調査結果
		・モバイルの浸透率：全人口に対するモバイルフォンを所有する人数の割合	市当局から提供される公式データ
		・インターネットの利用：世帯もしくは共有でインターネットにアクセスできる市民の割合	調査結果
		・インターネットを通じた学習参加：学習目的でインターネットを利用する市民の1週間あたりの平均時間数	調査結果
2.5　学習の質の向上	2.5.1　教育や学習におけるパラダイム・シフトの促進	・教育や学習におけるパラダイム・シフト：教えることから学ぶことへ、また単なる情報の獲得から想像力や学ぶスキルを発展させることへのパラダイム・シフトを促進する教育政策	専門家のレビュー
	2.5.2　モラル、民族性、文化的価値を共有し、相違を受容する意識の向上	・共生学習：定期的に多文化の人々と交流する市民の割合	調査結果
	2.5.3　適切に訓練された管理者、教員、教育を行う者の雇用	・適切に訓練された教員／教育を行う者の雇用可能性：就学前、初等中等教育、成人または継続教育における教員／教育を行う者に対する生徒・学習者の割合	市当局から提供される公式データ
	2.5.4　学習者に優しい環境の促進	学習者に優しい環境：学習環境に満足している学習者の割合	調査結果
2.6　生涯を通して学ぶ文化の醸成	2.6.1　学習を促進し盛り上げる公的イベントの実施と支援	・学習支援：公的な活動（成人の学習週間や学習フェスティバル）を広げ、学習を促進し盛り上げるために全てのメディアを活用する	専門家のレビュー
	2.6.2　全ての市民に適切な情報やガイダンス、支援を提供し、市民が多様な方法で学ぶことを奨励する	・情報及びサービス：学習者への情報提供や相談体制に満足している学習者の割合	調査結果
	2.6.3　全ての学習形態を認識し報奨するシステムの促進	・学習成果の認識と報奨：全ての学習成果を認識し、証明する政策や実践の実施	専門家のレビュー
3. 学習都市構築の基本的条件			
3.1　言質を伴う強い政治的意思	3.1.1　自らの都市を学習都市に変革する強力な政治的リーダーシップと確固としたコミットメントの確立を示す	・リーダーシップ：学習都市戦略を推進し実行する強固で責任のあるリーダーシップ	専門家のレビュー
	3.1.2　万人のための生涯学習を促進するための根拠や関連性のある戦略を発展させ実行する意志	・政策と戦略：市議会によって採用される「万人のための生涯学習」を促進するための法律、政策、戦略	専門家のレビュー

	3.1.3　学習都市への変革をモニタリングすること	・進捗をモニタリングする方法：学習都市戦略の発展や実行の進捗状況をモニタリングするために市当局によって採用された手法	専門家のレビュー
3.2　全ての関係者の参与とガバナンス	3.2.1　自治体、自治体ではない団体、民間セクターを巻き込むための内部調整メカニズムの構築	関係者との調整メカニズム：学習都市の進展において関係者を動員し調整する方法の有効性	専門家のレビュー
	3.2.2　平等な学習機会を提供し、学習都市の構築のために自らのユニークな取組で貢献する全ての関係者の奨励	・関係者の参加：自らの責任の範囲内でより良く更にアクセスが容易な学習機会を推進する関係者のコミットメントや計画、行動	専門家のレビュー
		・民間セクターのコミットメント：学習都市戦略を支援するための都市と民間セクター間のパートナーシップや協力	専門家のレビュー
3.3　資源の流動性と活用向上	3.3.1　自治体による生涯学習への大きな財政投資の奨励	・教育及び学習における財政支援：都市の全予算に対する教育や学習への公的支出の割合	市当局から提供される公式データ
		・公的教育支出の配分：異なったレベル・タイプの教育における公的教育支出の割合	市当局から提供される公式データ
	3.3.2　万人のための生涯学習を支援するため、全ての関係者の学習資源を効率的に利用すること	・資源の効率的活用：都市が学習を促進するため、計画、人材の活用、資金、文化、その他の入手可能な支援の革新的な利用方法	専門家のレビュー
	3.3.3　貧困撲滅のための金融政策の採用や社会的に不利なグループに対する様々なタイプの支援の提供	・社会的に不利なグループへの補助金：学習において社会的に不利なグループの参加者を支援するための資金の配分や効率的な活用	専門家のレビュー
	3.3.4　ボランティアで自らの能力や技術、知識、経験をもって貢献しようとする市民や住民の奨励	・他の市民の学習を助ける市民の貢献：調査前の1年間に少なくとも月1回は他の市民の学習を助けるため、自らの技術、知識、経験をもって貢献しようとする市民の割合	調査結果
	3.3.5　異なる都市間でのアイデアや経験、優良事例に関する情報交換の奨励	・国際的なパートナーシップ：他の学習都市と国際的なパートナーシップや相互交流のための機会創出や活用促進	専門家のレビュー

初出一覧

序章
書き下ろし

第1章
1.1 書き下ろし
1.2 書き下ろし
1.3 「市民講師にみる活動のモチベーションと変容の分析」、日本生涯教育学会年報第37号、2016、pp.189-207
1.4 「生涯学習プラットフォームの実証的研究」、神戸学院大学大学院人間文化学研究科、学位（論文博士）論文、2017、pp.73-80
1.5 「成人期における学習参加および成果を生かした社会参加の支援に関する実証的研究」、富山大学大学院人間発達科学研究科（修士課程）論文、2016、pp.23-26
1.6 書き下ろし

第2章
2.1 「地域生涯学習プラットフォームとしてのインターネット市民塾」、徳島大学大学開放実践センター紀要、第17巻、2007、pp.117-126
2.2 書き下ろし
2.3 「生涯学習プラットフォームの実証的研究」、神戸学院大学大学院人間文化学研究科、学位（論文博士）論文、2017、pp.59-68
2.4 書き下ろし

第3章
3.1 書き下ろし
3.2 生涯学習プラットフォームの実証的研究」、神戸学院大学大学院人間文化学研究科、学位（論文博士）論文、2017、pp.25-27
3.3 書き下ろし
3.4 「生涯学習プラットフォームの実証的研究」、神戸学院大学大学院人間文化学研究科、学位（論文博士）論文、2017、pp.179-194

第 4 章

4.1　書き下ろし

4.2　「学習成果の活用を考える市民の課題と支援方策の考察」、日本生涯教育学会論集第
　　37 号、2016、pp.201-210

4.3　「生涯学習プラットフォームの実証的研究」、神戸学院大学大学院人間文化学研究科、
　　学位（論文博士）論文、2017、pp.138-149

4.4　「生涯学習プラットフォームの実証的研究」、神戸学院大学大学院人間文化学研究科、
　　学位（論文博士）論文、2017、pp.150-167

4.5　「生涯学習プラットフォームの実証的研究」、神戸学院大学大学院人間文化学研究科、
　　学位（論文博士）論文、2017、136-137、168-173

終章

書き下ろし

引用・参考文献

Bandura, A. (1977) *Social Learning Theory*, Englewood Cliffs, Prentice-Hall

Haruki, Y. Shigehisa, T., Nedate, K., Wajima, M., Ogawa, R. (1984) Effects of Alien-Reinforcement and ITS Combined type on Learning Behavior and Efficacy in Relation to Personality, *International Journal of Psychology* 19, 527-545

Kolb, D. A. (1984) *Experiential Learning: Experience as the Source of Learning and Development*, Prentice-Hall

Lave, J. and Wenger, E. (1991) *Situated Learning: Legitimate Peripheral Participation*, Cambridge University Press［佐伯胖訳『状況に埋め込まれた学習：正統的周辺参加』産業図書、1993］

Lombardo, Michael M., and Eichinger, Robert W. (1996) *Career Architect Development Planner*, Lominger

Longworth, Norman (2006) *Learning Cities Learning Region Learning Communities: Lifelong Learning and Local Government*, Routledge

QAA (2001) Guidelines for HE Progress Files, Gloucester, The Quality Assurance Agency for Higher Education.

QAA (2009) Personal development planning: guidance for institutional policy and practice in higher education, Gloucester.」,The Quality Assurance Agency for Higher Education.

UIL ウェブサイト http://uil.unesco.org/lifelong-learning/learning-cities（2020 年 2 月 18 日アクセス）

Wenger, Etienne (1998) *Communities of Practice: Learning, Meaning, and Identity*, Cambridge University Press

Works 編集部（2003）「1300 人の頭の中にある専門知識を一夜にして動かすワークプレイス・ラーニング」Works No.56、pp.12-17; https://www.works-i.com/works/no056/（2020 年 2 月 18 日アクセス）

安熙卓（2016）「中高年齢者のセカンドキャリア支援に関する考察」経営学論集第 26 巻第 4 号、pp. 1-25

飯盛義徳（2014）「地域づくりにおける効果的なプラットフォーム設計」日本情報経営学会誌 Vol. 34、No. 3、pp.3-10

岩下広武 (2018)「中高年の学び直しと再チャレンジをうながす画期的な"プラットフォーム"を創る」https://www.recruit-ms.co.jp/research/2030/report/education2.html（2020 年 2

月 18 日アクセス)

ウェンガー、エティエンヌ、リチャード・マクダーモット、ウィリアム・M・スナイダー（2002）『コミュニティ・オブ・プラクティス：ナレッジ社会の新たな知識形態の実践』野村恭彦監修、櫻井裕子訳、翔泳社、pp.33-35

後小路肖美（1993）「コルブの経験学習論に関する研究（1）―経験学習サイクル論を中心として―」中国四国教育学会教育学研究紀要 第 39 巻第 1 部、pp.359-363

梶谷真也（2006）「定年退職者の能力開発と再就職」日本経済研究 No.55、10

加藤かおり（2013）「イギリスの高等教育における PDP（4）」シリーズ大学と社会を結ぶ e ポートフォリオ（第 16 回）、文部科学 教育通信 No.289、pp. 16-17

清國祐二（2015）「地方の再生に寄与する生涯学習・社会教育実践と研究」日本生涯教育学会年報 第 36 号、pp.1-7

清見潟大学塾編（2004）『新静岡市発　生涯学習 20 年』学文社

國領二郎（2011）『創発経営のプラットフォーム：共同の情報基盤づくり』日本経済新聞出版社

柵富雄（2017）『学習成果の活用支援方略』日本生涯教育学会編「生涯学習研究 e 事典」

柵富雄（2011）「学び、考え、成長する地域『ラーニング・シティ』～インターネット市民塾の目指す地域づくり～」Intec Technical Journal Vol.11、pp.52-59

柵富雄（2019）『生涯学習プラットフォーム』日本生涯教育学会編「生涯学習研究 e 事典」

柵富雄、山西潤一、小川亮、黒田卓（2016）『教える側と学ぶ側に誘発する相互作用の考察～講座進行記録の計量テキスト分析をもとに～』日本教育工学会研究発表大会第 32 回論文集、pp.205-206

柵富雄、山西潤一、杉本圭優（2014）『電子版キャリアシート（ショーケース）の活用評価―学習成果を生かした社会活動を促進する―』日本教育工学会研究発表大会第 30 回論文集 pp.281-282

澤野由紀子（2015）「諸外国における地域の再生と生涯学習―欧州から世界に広がる学びのまちづくり―」日本生涯教育学会年報 第 36 号、pp.89-107

総務省統計局（2001）「労働力調査特別調査報告書」

高田義久、柵富雄（2012）「複数地域間の地域情報かを促進するプラットフォームに関する一考察―インターネット市民塾活動における地域間協働の取り組みから―」情報社会学会誌 Vol. 17、No. 1、pp.5-15

地域 e パスポート研究協議会（2013）『社会教育による地域の教育力強化プロジェクト・地域人材の育成と e パスポートによる地域人材活用ネットワーク形成事業』、pp.23-30

地域 e パスポート研究協議会（2014）『地域の中核的な生涯学習機関における e ポートフォリオ・e パスポート活用の実証的研究報告書』

中央教育審議会（2016）「個人の能力と可能性を開花させ、全員参加による課題解決社会を実現するための教育の多様化と質保証の在り方について（答申）」

土堤内昭雄（2010）「高齢者の社会的孤立について」ジェロントロジージャーナル、No.10-002、ニッセイ基礎研究所

内閣府（2006）「平成 17 年度世帯類型に応じた高齢者の生活実態に関する意識調査結果」

内閣府（2012）「生涯学習に関する世論調査」（平成 24 年 7 月調査）

内閣府（2014）「高齢社会白書（平成 26 年版）」

内藤元久、小西美紀（2018）「岡山市のユネスコ学習都市に関する取り組みについて」日本生涯教育学会年報 第 39 号、pp.19-33

春木豊、重久剛、佐々木和義、根建金男、小川亮（2004）『人間の行動コントロール論：2 者モデルに関する研究』川島書店、pp.104-108

樋口耕一（2014）『社会調査のための計量テキスト分析』ナカニシヤ出版

平野朝久編（1997）『子どもの「学ぶ力」が育つ総合学習』ぎょうせい

松井祐次郎（2009）「若年者の就業支援—EU、ドイツ、イギリスおよび日本の職業教育訓練を中心に—」国立国会図書館「青少年をめぐる諸問題総合調査報告書」pp. 166-189

増田智子、小林利行（2008）「人々の学習関心とメディアに求められるもの」放送研究と調査、2008 年 8 月、pp. 3-4、HNK 放送文化研究所

メジロー、ジャック（2012）『おとなの学びと変容：変容的学習とは何か』金澤睦、三輪建二監訳、鳳書房、pp.234-242

文部科学省（2008）「新しい時代を切り拓く生涯学習の振興方策について—知の循環型社会の構築を目指して—（答申）」

文部科学省（2012）「長寿社会における生涯学習の在り方について〜人生 100 年 いくつになっても学ぶ幸せ「好齢社会」〜」超高齢社会における生涯学習の在り方に関する検討会

文部科学省（2016）「個人の能力と可能性を開花させ、全員参加による課題解決社会を実現するための教育の多様化と質保証の在り方について（答申）」

文部省（1999）「学習の成果を幅広く生かす—生涯学習の成果を生かすための方策について—生涯学習審議会（答申）」

山川肖美（1996）「生涯学習におけるポートフォリオ概念の再検討」日本生涯教育学会年報、No. 17、pp. 77-89

山川肖美（2002）「生涯学習者にとっての自己評価の意義：自己志向のポートフォリオを手がかりとして」広島修大論集、第 43 巻第 2 号（人文）、pp. 223-241

労働政策研究・研修機構（2015）60 代の雇用、生活調査

あとがき

　本書では、まず自身の知識と経験を生かした地域デビューの方法の一つとして、市民講師へのチャレンジを紹介した。それぞれのライフサイクルのなかでの「生き直し」（ネクストステージ）につながる実践である。市民講師へのチャレンジがもたらす個としての意識変容や、価値観の発見、地域や社会への新たな目標に向かうモチベーションの形成の過程を、インターネット市民塾の長年の実践と研究をもとに示した。また、このような市民の「生き直し」と新たな地域人材の顕在化を積極的に生み出していこうとするため、市民講師へのチャレンジや地域人材化の過程を育む地域プラットフォームについて、求められる要件や、地域で形成するための取り組みのヒントを示した。

　本書を手に取った方には、まず、身近な場で市民講師にチャレンジしてほしい。取り組みやすいテーマと方法で、それまでと異なる他者、地域・社会に接して学び合い、その体験のなかで新たな価値観や自身の課題や可能性に気づき、変化を実感してもらいたい。また、地域・社会への新たな取り組みを始めてもよい。このチャレンジは、それぞれのライフサイクルのなかでは小さな一歩だとしても、その後の人生の新たな可能性を拓く重要な経験になるはずである。

　次に、このような経験を仲間と語り合ってもらいたい。ひとりひとりのライフサイクルには誰しもさまざまな局面があり、その局面のなかで新たな価値観や自身の可能性を見つけることは、多くの他者にも通じる。仲間への広がりとともに、自身のこれからのライフサイクルを通した広がりも感じることができよう。すなわち、自身のライフサイクルを通して、いつでも、何度でも、このようなチャレンジができる機会、多様な仲間と接してチャレンジする機会が、自身にとって、また地域にとって必要なことが実感できる。

　そのうえで、このような機会がいつでも得られる、地域プラットフォームづ

くりに目を向けてもらいたい。人生100年時代のいま、定年後のセカンドステージで活躍する人材化支援や、地域課題の解決に目を向けた施策、NPO活動グループも増えている。これらと協力して、地域人材がどんどん顕在化する地域プラットフォームづくりをめざしてほしい。

　地域プラットフォームを利用する者、そのプラットフォームを地域でつくる者、いずれも一人では成り立たない。市民講師は、自身の知識やノウハウをほかの人に提供することになる。そのことが、「ノウハウを吸い取られる」と考えるのは、「マイナス・サム」（引き算）の考え方である。本書も、地域プラットフォームは、「人から人にノウハウが加えられ、お互いに付加価値が生まれる」と考える「プラス・サム」（足し算）をつくるのが重要な役割と考える。

　その前提となるのが人と人の「信頼」である。実践例として示したインターネット市民塾は「学び」を通じて「信頼」関係をつくっていく側面を持っている。また、知の発信（提供）に「信頼」が加わることで、「知の還流」が生まれるものである。

　また、地域プラットフォームの構築や活動の推進や運営には、地域の団結が求められる。地域の産学官の信頼形成に向けた「プラス・サム」（足し算）の関係を模索していくことは重要である。

　働き盛りも含めて一人でも多くが「知の足し算」に加わり、「Learning citizens」（学ぶ市民、考える市民）となるよう、地域プラットフォームの構築も、地域の産学官の団結によって進めていくことが望まれる。たくさんの「知の足し算」を育て、新しい発想によって地域の価値と「しごと」を次々と創造する「市民力」「地域力」を育むことが、地域プラットフォームに期待できる。これは企業内の知識の伝播量とスピードを企業力とする前述の新しい評価尺度（米国ケミカル会社の例）とも類似している。市民が教え合って自己成長するとともに、知識と経験を持ち寄り地域の課題を克服していく「learning region」の形成は、教育による地域活性化にほかならない。

謝辞

　本書の刊行が実現できたのは、1）インターネット市民塾の実践、2）インターネット市民塾の実践を通じた市民の自己創造の実証的研究、3）刊行の機会をくださった神戸学院大学人文学会（出版支援）、および明石書店のお力によるものである。

　インターネット市民塾は、本書の地域プラットフォームのプロトモデルになったものである。社会人の学習の現状に対する問題意識をもとに、筆者が株式会社インテックに在職中の 1994 年に発表。以来、多くの協力があって実現したものである。同社の定年退職後を含めて、このインターネット市民塾の企画・開発・運用の 24 年間の実践がなければ、本書の根拠は存在しない。

　本書の刊行にあたり、まずはこのインターネット市民塾の開発と実践を支えていただいたすべての方に感謝申し上げる。とくに、企業に職務を持ちながら、地域事業としてインターネット市民塾の実践運営にあたることを認め、応援くださった株式会社インテック中尾哲雄社長（当時）に感謝申し上げたい。二足の草鞋を履いてインターネット市民塾に取り組むことに、企業の理解が得られなかったら、その後の広がりや成果はもちろん、本書も存在しない。株式会社インテックには、インターネット市民塾の企画から開発、運営に多くの同僚や研究者に携わっていただいた。企画・開発では河崎哲男氏、谷口庄一郎氏、仲谷勲氏、また運営の事務局で苦労をともにした吉田真理氏、杉本圭優氏、難しい状況にあるときいつも励ましていただいた中川郁夫氏（当時）から、さまざまな力をいただいた。お礼申し上げたい。

　地域事業として立ち上げるさいの有志の方々とは、産学官の枠を越えていっしょに汗を流した。そのなかでも、木下晶氏と柳原正年氏の力は不可欠だった。

　さらに、設立・運営に加わっていただいた富山の企業、行政、地域団体、大

197

学、市民の方々にお礼申し上げたい。そして、それらの方々の応援が社会的に意義のあるすばらしい取り組みであったことを、本書をお届けしてお伝えしたい。富山での取り組みにが波及して広がった、世田谷、和歌山、徳島、高知、熊本、広島などの地域プラットフォーム設立にあたった方々には、ともに生みの苦労を乗り越えていく、心の支えとなった。道本浩司氏をはじめ、多くの仲間の顔が目に浮かぶ。

次に、インターネット市民塾の実践に対して、さまざまな研究の取り組みを勧め、ご指導してくださった方々に感謝を述べたい。早くから研究への取り組みを勧めてくださった慶應義塾大学の國領二郎先生と飯盛義徳先生、企業退職と同時に大学院での研究を勧めてくださった富山大学の山西潤一先生（当時）、ご指導いただいた黒田卓先生と小川亮先生には、お名前を挙げてお礼を申し上げたい。また、神戸学院大学の今西幸蔵先生（当時）には、学位論文執筆を勧めてくださり、本書の基幹となった。同大学の立田慶裕先生には、国立教育政策研究所のころからご指導をいただいてきた。

これらのインターネット市民塾の実践と研究の全体を通して感謝申し上げるべきは、市民講師の方々である。筆者がこの方々への日々のメンタリングを通して得た変容の事実は、実践研究への取り組みを強く動機づけた。研究のための調査に快く応じてくださったことも忘れない。そして、市民講師でありeメンターとしていっしょに活動に加わった妻二三子が、一度も私に異を唱えることなく活動の最大の賛同者であったことは、実はいちばん大きな力になっていたように思う。

最後に、本書の刊行の機会（出版支援）を与えてくださった、神戸学院大学人文学会に厚くお礼を申し上げたい。明石書店の安田伸氏、田島俊之氏には、長くなった執筆期間を通して根気強く励ましていただいた。本書がこれらの方々の支えによって刊行できたことに、心よりお礼を申し上げ、ともに喜びたい。

2020 年 2 月

柵　富雄

● 著者紹介

柵　富雄（さく・とみお）
1952 年、富山県生まれ。
富山大学大学院人間発達科学研究科修了。博士（神戸学院大学・人間文化学）。
株式会社インテックに入社後、教育の情報化支援を多数手がける。1994 年「インターネット市民塾」を発表。富山をはじめ各地のインターネット市民塾などの設立に関わる。2002 年から 2012 年まで中央教育審議会臨時委員を務める。現在、株式会社ジェック経営コンサルタント顧問・人材社会研究室主幹研究員、公益財団法人学習情報研究センター主幹研究員、慶應義塾大学 SFC 研究所上席所員、総務省地域力創造アドバイザー、特定非営利活動法人地域学習プラットフォーム研究会理事長。
　おもな著書は、『生涯学習 e ソサエティハンドブック』（共著、文憲堂）、『学習指導員講習テキスト 1「生涯学習基礎編」』（共著、日本通信教育振興会）、『IT 時代の学習基盤・生涯学習プラットフォーム構築手引書』（編著、文部科学省）、『シリーズ「大学と社会を結ぶ e ポートフォリオ」』（共著、教育新社「文部科学教育通信」）、『参加して学ぶボランティア』（共著、玉川大学出版部）。

生涯学習 e プラットフォーム
――私の出番づくり・持続可能な地域づくりの新しいかたち

2020 年 3 月 31 日　初　版　第 1 刷発行

著　　者　柵　　富　雄
発　行　者　大　江　道　雅
発　行　所　株式会社　明石書店
〒 101-0021 東京都千代田区外神田 6-9-5
電話 03（5818）1171
FAX 03（5818）1174
振替　00100-7-24505
http://www.akashi.co.jp/

装丁　　　　　　明石書店デザイン室
印刷・製本　　　モリモト印刷株式会社

（定価はカバーに表示してあります）　　　　ISBN978-4-7503-4976-3

〈価格は本体価格です〉